LES NEUF LOIS
DE L'HARMONIE

WAYNE W. DYER

LES NEUF LOIS DE L'HARMONIE

TRADUIT DE L'AMÉRICAIN
PAR CLAUDE NESLE

*Collection dirigée
par Ahmed Djouder*

Titre original:
BEING IN BALANCE, 9 PRINCIPLES FOR
CREATING HABITS TO MATCH YOUR DESIRES

Éditeur original : Hay House, Inc., Carlsbad, 2006

*Mille mercis à Elizabeth Crow
pour sa présence merveilleuse
et pleine de tendresse
qui se manifeste à chaque page.*

*À mon frère David. Nous nous soutenions
pendant nos années de vaches maigres.
Je veux que tu saches à quel point je t'aime.*

« Le manque est tellement gigantesque à combler que nul manteau n'est assez ample pour le couvrir. »

Ralph Waldo EMERSON

Introduction

L'équilibre est l'un des concepts qui définit notre univers. Le cosmos, notre planète, les saisons, l'eau, le vent, le feu et la terre sont tous régis par un équilibre parfait. Seuls les êtres humains font exception à cette règle.

Dans cet ouvrage, je tenterai de vous aider à rétablir cet équilibre naturel dans tous les domaines de votre vie. Il ne s'agit pas tant d'adopter de nouvelles stratégies pour modifier vos comportements que de redonner une stabilité à toutes vos pensées, afin de créer un équilibre entre vos désirs et la façon de mener votre vie au jour le jour.

Après avoir lu cet ouvrage, mon éditrice m'a adressé ce mot : « Wayne, *Les neuf lois de l'harmonie* est en tout point remarquable. Quiconque lit ce livre en ressort ragaillardi. J'éprouve moi-même le sentiment d'un équilibre retrouvé. »

Pour ma part, j'exprime le vœu qu'en prenant connaissance de ces neuf principes, ces neuf lois de l'harmonie, en les approfondissant et en les mettant en pratique, vous aurez l'impression de vivre un réveil joyeux. C'est précisément ce que j'avais à l'esprit quand j'ai laissé ces idées me traverser et se matérialiser sur ces pages.

J'aime ce livre et le message qu'il transmet. Puissiez-vous chaque jour mettre ces principes en application, pour rétablir votre assise en ce lieu parfaitement équilibré dont vous êtes originaire.

I

Une multitude de forêts sommeillent dans les rêves d'un seul gland

Retrouver l'équilibre entre vos rêves
et vos habitudes

> « *Votre plus grande réalisation*
> *a d'abord été un rêve pendant quelque temps.*
> *De même, le chêne sommeille dans le gland ;*
> *l'oiseau sommeille dans l'œuf ;*
> *et dans la vision supérieure de votre âme*
> *un ange est là, qui s'éveille.*
> *Les rêves sont les semailles de la réalité... »*

James ALLEN

> « *L'imagination vraie n'est pas une rêverie chimérique,*
> *c'est une flamme du paradis.* »

Ernest HOLMES

L'un des grands déséquilibres de la vie provient de l'écart qui subsiste entre la routine, les habitudes qui constituent votre existence quotidienne, et le rêve d'un mode de vie plus satisfaisant, que vous nourrissez au tréfonds de votre être. Dans la citation qui introduit ce chapitre, James Allen exprime l'idée, dans le style poétique qui le caractérise, que le rêve est le royaume magique d'où émerge la vie nouvellement créée. Une faculté créative illimitée est enfouie en vous, qualifiée par Allen d'*ange qui s'éveille*. Elle est impatiente de procéder à ses semailles et de remplir vos rêves et votre destinée. Je n'ai pu m'empêcher d'y ajouter la citation d'Ernest Holmes, qui décrit cette imagination dynamique comme une *flamme du paradis*. Toutes deux vous rappellent, fort à propos, que vous devez entretenir ce feu ardent, ce rêve éveillé, si vous tenez à vivre une existence équilibrée.

Comment ce déséquilibre se manifeste dans votre vie

Cette absence d'équilibre entre vos rêves et vos habitudes peut se manifester de façon subtile. Elle ne se traduit pas obligatoirement par des brûlures d'estomac, une dépression, des maladies ou des angoisses. Il s'agit plus souvent de l'impression diffuse d'avoir à vos côtés un compagnon gênant, qui ne cesse de vous murmurer que quelque chose vous échappe, qu'un devoir ou une expérience, souvent non identifiables, font partie de votre être. Malgré votre incapacité à appréhender la situation, vous ressentez le désir d'être ce que vous êtes censé être. Vous prenez conscience que vous devriez vivre selon des critères plus élevés. Votre *mode de vie* et votre *raison de vivre* ne concordent pas. Tant que vous ne lui prêterez pas attention, ce visiteur habile continuera à vous inciter à retrouver votre équilibre.

Imaginez une balance à fléau, un plateau baissé et l'autre levé, ou une balançoire à bascule sur laquelle auraient pris place un enfant obèse d'un côté et un enfant chétif de l'autre. L'enfant grassouillet déséquilibre la balance. Il représente votre quotidien : votre profession, votre lieu de résidence, les personnes que vous côtoyez, votre situation géographique, les livres que vous lisez, les films que vous regardez, les conversations qui emplissent votre vie. Ces éléments ne sont pas intrinsèquement négatifs. Le déséquilibre provient du fait qu'ils sont nuisibles à *votre* vie personnelle : ils ne sont tout simplement pas en harmonie avec l'idée que vous vous faites de vous-même ; ils sont préjudiciables et vous le ressentez intuitivement. Vivre votre vie en vous contentant d'*accomplir ces gestes* peut présenter un côté pratique, mais le fardeau de votre insatisfaction crée un déséquilibre immense dans la seule existence dont vous disposez.

Cette insatisfaction qui ne cesse de vous ronger et dont vous ne parvenez pas à vous débarrasser, cette sensation physique de creux à l'estomac vous plongent dans la perplexité. Elles se manifestent même quand vous dormez à poings fermés. Vos rêves sont peuplés de rappels de ce que vous aimeriez être, alors qu'à votre réveil vous reprenez votre train-train. Vos rêves vous interpellent même au cours de votre vie diurne, quand vous êtes irrité ou que vous vous disputez, pour la bonne raison que vous êtes frustré et que la colère se transforme en exutoire. Le déséquilibre prend alors le masque de la frustration. Vous essayez de justifier votre situation actuelle à l'aide d'explications et de méandres mentaux dont vous savez, au fond de votre cœur, qu'ils ne sont que des excuses destinées à compenser le fait que vous pensez ne pas disposer des outils qui vous permettront de trouver l'équilibre.

Vous en êtes peut-être au stade où les choses sont si éprouvantes que vous cherchez à vous soigner et que vous prenez des médicaments contre ce sentiment d'inadaptation et contre ce que l'on qualifie de *dépression*. Vous vous apercevez sans doute que vous devenez de plus en plus irascible et caractériel, que vous êtes de plus en plus sujet à de petites tracasseries telles que rhumes, maux de tête et insomnies. Au fur et à mesure que cet état de déséquilibre se prolonge, vous montrez moins d'enthousiasme pour la corvée qu'est devenue votre existence. Votre travail se transforme plus que jamais en une routine que vous accomplissez avec de moins en moins d'allant et de dynamisme. Votre cafard commence à se manifester dans votre comportement à l'égard de votre famille et des êtres qui vous sont chers. Vous vous énervez pour un rien, vous vous en prenez aux autres sans motif apparent. Si vous parvenez à faire preuve d'honnêteté envers vous-même, vous admettrez que votre irascibilité émane du fait que vous n'êtes pas en accord avec le grand rêve que vous avez toujours nourri, qui semble à présent vous glisser entre les doigts.

Lorsque ces symptômes font surface, il est capital d'étudier la forme d'énergie que vous faites peser dans la balance pour créer l'harmonie – ou, dans le cas présent, le déséquilibre. Le poids de l'angoisse existentielle fait ployer votre raison d'être, mais vous seul êtes en mesure de rétablir l'équilibre de votre existence. Je vous propose quelques outils qui vous aideront à retrouver une vie sereine. Le premier consiste à reconnaître que vous procédez peut-être en ce moment au sabotage de votre propre vie.

L'énergie mentale qui rend tout rêveimpossible

Votre désir de vivre une existence qui trouve sa source dans la grandeur est un aspect de votre énergie spirituelle. Pour parvenir à créer un tel équilibre, vous devez utiliser votre énergie mentale, afin d'être en harmonie avec vos désirs. C'est celle-là qui attire vos réflexions. Des pensées tournées vers la frustration attireront la frustration. Lorsque vous dites ou lorsque vous pensez quelque chose du genre : *Je n'y peux absolument rien ; le contrôle de ma vie m'a échappé et je suis pris au piège*, vous ne faites qu'attiser une frustration, c'est-à-dire une résistance à vos désirs les plus élevés ! Chaque fois qu'une pensée frustrante vous traverse, c'est comme si vous achetiez un billet pour augmenter votre frustration. Chaque fois que vous vous dites coincé, vous demandez en quelque sorte à l'univers de vous envoyer encore un peu plus de la colle qui sert à vous engluer.

L'outil le plus important, le seul outil qui vous permettra de trouver l'équilibre, c'est de savoir que *vous, et vous seul, êtes responsable du déséquilibre entre la vision d'idéal et les habitudes quotidiennes qui tuent ce rêve*. Vous pouvez vous replacer au niveau de votre énergie mentale et donner l'ordre à l'univers de vous envoyer des occasions de corriger ce déséquilibre.

Ce faisant, vous vous apercevrez que, si le monde de la réalité a des limites, celui de votre imagination n'en a aucune. De cette imagination sans bornes émane le semis d'une réalité qui exige à grands cris de retrouver un environnement harmonieux.

Rétablir l'équilibre

Ce principe vise à créer un équilibre entre les rêves et les habitudes. Le plus simple est de commencer par repérer les signes de comportements récurrents, puis d'apprendre à déplacer vos réflexions pour ne plus penser qu'à être en accord avec vos rêves. Quels sont-ils ? Qu'est-ce qui continue à vivre inlassablement au fond de votre être ? Quelle lumière nocturne intérieure continue à briller, même s'il ne s'agit que d'un miroitement, dans vos pensées et votre imaginaire ? Quelle que soit cette lumière, si vous voulez rétablir l'équilibre entre vos rêves et vos habitudes, vous ne devez pas tenir compte des opinions des autres, qui peuvent la trouver absurde, mais opérer un déplacement de l'énergie que vous insufflez à vos rêves. Si vous êtes en rupture d'équilibre et d'harmonie, c'est avant tout parce que vous avez laissé l'énergie constituant vos habitudes servir de cadre rigoureux à votre vie. Ces habitudes, et les conséquences qui en découlent, sont le résultat de l'énergie que vous leur accordez.

Au début du processus de rétablissement de l'équilibre, concentrez-vous sur cette prise de conscience : *J'obtiens ce que je pense, que je le veuille ou non*. Engagez-vous à penser à ce que vous souhaitez, au lieu de vous appesantir sur la difficulté ou l'impossibilité apparente de concrétiser ce désir. Accordez à vos rêves la place qu'ils méritent sur le plateau de la balance pour parvenir à les visualiser et leur permettre de s'imprégner de l'énergie dont ils sont dignes. Les pensées sont de l'énergie mentale ; elles sont la monnaie dont vous disposez pour attirer vos désirs. Vous devez apprendre à cesser de gaspiller cet argent en pensées indésirables, même si vous vous sentez dans l'obligation de vous comporter comme à l'accoutumée. Votre corps continuera peut-être, pendant un certain temps, à rester à l'endroit où il a été habitué à se trouver, mais dans l'intervalle vos pensées viendront concorder avec vos rêves. Louisa May Alcott, écrivain américain du XIXᵉ siècle, exprime cette idée par une formule encourageante, dans laquelle nous pouvons puiser une source d'inspiration :

Dans la lumière du soleil, au loin
se trouvent mes inspirations les plus élevées.
Je ne parviens pas à les atteindre,
mais je peux lever les yeux et voir la beauté,
croire en ces pensées et essayer
de voir où elles me mènent...

Quand on s'imprègne de cette citation, il apparaît possible de choisir de rétablir une forme d'équilibre entre ses rêves et ses habitudes : « lever les yeux pour voir » et « croire en elles ». Ces paroles donnent vie à un alignement d'énergie. Plutôt que de fixer vos pensées sur ce qui est ou sur ce qui constitue depuis toujours la matière de vos réflexions, levez les yeux et croyez fermement en ce que vous voyez. Lorsque vous adoptez ce type de raisonnement, l'univers conspire pour vous venir en aide, et il vous envoie l'équivalent exact de vos pensées et de vos croyances. Ce phénomène ne se produit pas toujours sur-le-champ.

Penser en conformité avec ses rêves

Oscar Wilde a dit un jour : « Nous sommes tous dans le caniveau, mais certains de nous regardent les étoiles. » Cette phrase illustre parfaitement comment vous pouvez faire coïncider votre vision et vos pensées pour les équilibrer avec ce que vous estimez devoir être ici-bas. Une pensée telle que *J'ai l'intention de créer un lieu pour aider les enfants déshérités* est en fait un message que vous envoyez à l'univers.

Si vous avez la conviction profonde d'être né avec un objectif précis, vous devriez cultiver l'énergie qui vous permettra d'accomplir ce rêve. Peu importe les circonstances de votre vie quotidienne. Votre situation financière n'entre pas en jeu dans la poursuite de ce but. La présence d'un troupeau de sceptiques ne doit pas vous faire hésiter, ni vous détourner de l'attirance qu'exerce sur vous cette vocation. Lorsque vous entreprenez de rétablir l'équilibre entre votre vie et votre rêve vous commencez en fait à cocréer votre vie.

Cela signifie que vous utilisez conjointement l'énergie du champ invisible de l'Esprit, que vous trouvez l'équilibre parfait entre votre vocation sur terre et l'énergie pure de la création, que vous stimulez ce champ créatif en lui ressemblant le plus possible. Pour ce faire, vous devez vous considérer sans réserve comme un être équilibré, capable de faire naître les circonstances qu'il estime favorables. *C'est en contemplant ce pouvoir que vous l'acquerrez pour de bon.* Relisez cette affirmation jusqu'à ce qu'elle soit gravée dans votre esprit. Vous ne pourrez créer un lieu d'accueil pour les enfants déshérités si vous vous appesantissez sur *l'impossibilité* de concrétiser ce rêve. Même si vous pataugez dans le caniveau, vous avez le choix de lever les yeux vers les étoiles. Somme toute, il vous faut nourrir des pensées étoilées et rejeter le poids de celles qui vous attirent vers le caniveau. Votre point d'équilibre est une certitude que vous affirmez à l'aide de pensées du genre : *Je le sais, je le désire, c'est en cours, rien ne peut l'arrêter et je n'ai aucune raison d'être bouleversé.*

Cet ajustement va complètement transformer votre monde. L'univers est fondé sur la loi de l'attraction. Vous allez vous apercevoir qu'il se lie à vous pour attirer les personnes adéquates, l'argent nécessaire, et provoquer des événements qui surgissent au bon moment pour vous permettre de transformer votre rêve en réalité, sur-le-champ. Lorsque cette collaboration du monde spirituel vous semblera naturelle, vous vous engagerez activement dans ce processus. Vous apprécierez la légèreté que procure le fait d'être en équilibre avec l'énergie créatrice de la vie. Vous ne pourrez plus continuer à vous plaindre en vous tournant les pouces ou vous sentir frustré. Vous serez revitalisé ! Pourquoi ? Parce que vous serez en équilibre avec la source de toute création. Et de la même manière, vous deviendrez créatif en attirant, par le biais de vos pensées, tout ce qui est nécessaire à l'être. Mais ce phénomène ne peut tout simplement pas se produire si vous êtes en état de déséquilibre, si vous vous plaignez, si vous vivez dans la crainte ou si vous vous attendez au pire.

La logique de réajustement que vous utilisez pour rétablir l'équilibre entre votre énergie onirique et vos habitudes quotidiennes s'applique à tout ce que vous êtes capable d'imaginer : composer et produire votre propre album de musique, entraîner des chevaux, adopter un enfant d'un pays pauvre, posséder votre propre maison à la campagne, obtenir le poste que vous avez toujours convoité, toucher le salaire qui vous permettra d'éponger vos dettes, courir un marathon... Il vous suffit de formuler votre souhait et, si vous êtes capable d'en rêver, vous serez capable de le concrétiser. Mais uniquement si vous parvenez à faire coïncider parfaitement votre énergie créative intérieure – vos pensées – avec vos désirs. Vous devez remplacer les réflexions renforçant des habitudes qui viennent contredire vos désirs par une énergie qui leur est dédiée.

Personne n'a mieux exprimé cette idée que Jésus de Nazareth : « Croyez que vous recevrez et vous recevrez. » À quoi bon mener une vie dans laquelle vous mettrez en doute une sagesse si équilibrée ?

II

Ne faites pas de votre vie une course perpétuelle

Retrouver l'équilibre entre votre désir de jouir de la vie et votre besoin d'accomplissement

> *« L'un des symptômes de l'imminence d'une dépression nerveuse, c'est l'importance démesurée accordée à son travail... »*
>
> Bertrand RUSSELL

> *« Plus vous avancez vers Dieu, moins Il vous demande de vous acquitter d'obligations en ce monde... »*
>
> RAMA KRISHNA

La clé pour parvenir à établir un équilibre entre votre désir d'être en paix et votre besoin de vous accomplir, d'être performant, de gagner votre vie, consiste à admettre que le stress est une chose qui n'existe pas. Il n'y a que des personnes qui nourrissent des pensées stressantes. C'est aussi simple que cela. Lorsque vous changez votre manière d'appréhender le monde, celui-ci se modifie.

Le stress est un phénomène intérieur. Vous ne pouvez pas en remplir un récipient, pour la bonne raison que la tension n'est ni un élément matériel ni un objet. Il n'y a aucune *chose* que vous puissiez désigner en disant : *Regardez, c'est du stress !* Ce dernier n'existe tout simplement pas concrètement. Et pourtant, cela n'empêche pas des millions de personnes de prendre des remèdes contre des symptômes liés au stress, tels la fatigue, les palpitations cardiaques, l'indigestion, la diarrhée, la constipation, la nervosité, la boulimie, les éruptions cutanées, les ongles rongés, la perte d'appétit, l'insomnie, l'angoisse, l'irritabilité, la panique, les sautes d'humeur, les pertes de mémoire, l'incapacité à se concentrer, les ulcères, les troubles obsessionnels compulsifs, la contrariété... et j'en passe. Or, tous ces maux sont provoqués par une chose qui n'existe pas dans le monde physique.

Quand vous êtes victime d'une dose de stress qui vous déséquilibre, vous intégrez le troupeau des millions de gens qui ont besoin de prendre des médicaments pour soigner les symptômes que je viens de citer. Résultat : vous vous sentez souvent au bord de l'exaspération, parce que vous n'avez jamais vraiment joui de la vie à laquelle vous aspirez. Il vous arrive sans doute fréquemment de vous dire que vous passez votre temps à courir sur un tapis de jogging qui ne s'arrête jamais. Vous obtenez peut-être de nombreuses satisfactions matérielles à travailler et à lutter ainsi sous la pression, mais cela ne vous empêche pas d'éprouver la sensation que tous vos efforts ne vous mènent nulle part.

Si vous avez l'impression de vous reconnaître dans ce portrait, il est peut-être temps de revoir la manière dont vous envisagez votre vie et votre travail pour commencer à essayer de vous libérer du stress. Vous n'y parviendrez pas obligatoirement en changeant votre comportement. De toute évidence, vous pouvez continuer à vous adonner à des activités qui diminuent le stress, comme la méditation, l'exercice physique, les promenades, ou tout ce qui fonctionne dans votre cas. Mais si vous continuez à vous fixer pour but d'accomplir davantage, de battre l'autre, de gagner à tout prix et d'aller plus vite parce que vous vous imaginez que c'est comme cela que l'on se maintient, vous pouvez aussi avoir la certitude que vous attirerez dans votre vie l'équivalent de ce mode de pensée, en termes d'énergie vibratoire – y compris si vous pratiquez le yoga et si vous faites le poirier en psalmodiant des mantras tous les jours !

La réduction du stress est une question de réajustement

Vous devenez ce que vous pensez à longueur de journée. Pour mesurer le poids de vos pensées, vous devez réfléchir en termes de vibrations et d'énergie. Imaginons qu'il vous arrive très fréquemment de souhaiter être une personne qui ne souffre d'aucun symptôme de stress. Sur une échelle allant de 1 à 10, la note 1 correspond à la pensée la plus faible en énergie, c'est-à-dire à une dépression nerveuse, et la note 10 à un état de maîtrise sereine et éclairée.

L'étape suivante consiste à noter les pensées qui vont dans le sens de votre désir de mener une vie paisible et libérée du stress : *Je suis submergé, je n'ai jamais assez de temps, les gens exigent de moi des choses auxquelles je n'ai même pas le temps de réfléchir, j'ai bien plus de travail que je ne suis capable d'en accomplir,* et *je me sens stressé par le besoin de gagner de l'argent pour régler mes factures.* Ces pensées ne sont source ni d'équilibre ni de sérénité. Elles sont de l'énergie résistante, laquelle contrecarre le désir d'une existence paisible et dénuée de stress. En d'autres termes, elles ne sont pas ajustées mais déséquilibrées. Votre désir obtient peut-être un 10, mais votre énergie mentale se situe dans une zone nettement plus basse, disons entre 2 et 3.

Ce n'est pas en vous contentant de changer votre comportement que vous retrouverez votre équilibre. Vous continuerez à attirer les symptômes de stress quand vous répondrez par la négative aux autres et à leurs exigences, mais vous vibrerez sur la fréquence de pensées suivantes : *Je devrais vraiment satisfaire à leur demande* ou *Il se peut que j'arrive à caser leur demande un peu plus tard dans mon emploi du temps.* Peut-être aurez-vous pris un peu de distance avec le programme frénétique qui vous submergeait, mais vous continuerez à émettre des pensées de peur et de manque.

Si les pensées stressantes font pencher la balance, c'est en raison de la loi de l'attraction. Ne l'oubliez pas : *Vous devenez ce que vous pensez !* Si vous pensez en termes de manque, de colère ou de frayeur, devinez quoi ? La loi de l'attraction attirera ces sentiments ! Même si vous organisez mieux votre emploi du temps pour disposer de plus de temps libre, même si vous allégez votre programme et que vous y inscrivez un grand nombre d'activités apaisantes, le poids de vos pensées dominantes continuera à faire pencher le plateau de la balance à l'opposé d'une vie équilibrée. Votre manière de vivre votre quotidien restera bancale et vous échouerez à intégrer le conseil de Gandhi, qui affirmait qu'il y a autre chose dans la vie qu'« accélérer sa vitesse ».

Vous devez avant tout apprendre à créer une harmonie entre ce que vous désirez dans la vie et quelles pensées, ou énergie vibratoire, vous choisissez pour attirer ces désirs.

Réajuster votre point d'attraction : l'art d'une composante dynamique

Voici l'une de mes citations favorites. Je la dois à mon maître indien, Nisargadatta Maharaj :

> *Il n'y a rien à faire. Simplement être.*
> *Ne rien faire. Être.*
> *Ne pas gravir de montagne,*
> *ne pas rester assis dans une caverne.*
> *Je ne dis même pas « être soi-même »,*
> *puisque vous ne savez pas vous-même*
> *seulement être.*

Cette réflexion contredit peut-être tout ce que l'on vous a enseigné et la manière dont vous avez mené votre vie jusqu'à aujourd'hui, mais imprégnez-vous-en néanmoins. Si vous constatez que la liste d'idées et de règles que vous appliquez depuis toujours vous a conduit à faire partie des millions de personnes qui prennent des médicaments pour soigner un stress qui n'existe pas, vous pouvez sans aucun doute vous permettre de réfléchir à ce conseil. Quand vous commencerez à mettre en pratique les principes destinés à vous replacer sur la même longueur d'onde que votre désir de mener une vie sereine et paisible, vous aurez davantage conscience de vos pensées. Ces pensées qui déterminent littéralement la personne que vous êtes. Le fait que vous lisiez actuellement ces lignes signifie déjà que l'idée d'appréhender plus consciemment vos pensées vous intéresse.

Être et *devenir* sont utilisés ici comme des synonymes. Pour rétablir un équilibre entre votre désir de sérénité et celui de satisfaire aux exigences de votre vie, vous devez pratiquer le *devenir*, et *être* la vibration que vous désirez.

Être en paix

La paix n'est pas une chose que vous finissez par recevoir le jour où vous ralentissez votre rythme de vie. La paix est ce que vous êtes capable d'être et d'apporter à chaque instant et au cours de chaque rencontre de votre vie éveillée. La plupart d'entre nous se heurtent sans cesse mentalement à tous ceux qu'ils rencontrent. La paix est une attitude intérieure, dont vous pourrez jouir quand vous aurez appris à faire taire votre perpétuel débat interne. Être en paix ne dépend pas de l'état de votre environnement et n'a que peu de rapport avec les pensées, les dires ou les actes de votre entourage. Vous n'avez pas non plus besoin d'être plongé dans le silence pour parvenir à la paix.

La célèbre prière de saint François d'Assise le dit bien : « Fais de moi un instrument de Ta paix. » En d'autres termes, saint François ne demandait pas à Dieu de lui donner la paix. Il Le priait de le guider, afin de lui permettre de ressembler davantage à la paix qu'il considérait comme sa source. *Être en paix* n'est pas l'équivalent de *chercher la paix*.

Ce principe ne consiste pas uniquement à choisir des pensées sereines quand on se sent agité et angoissé. Je vous suggère d'imaginer qu'il existe tout au fond de vous un récipient d'où s'écoulent toutes vos pensées. Au centre de ce récipient, imaginez la flamme d'une bougie. Vous devez prendre l'engagement suivant : cette flamme, au cœur du récipient qui contient toutes vos pensées, ne devra jamais vaciller, même s'il vous arrive d'être témoin du pire. Il s'agit de votre récipient de paix, et seules des pensées sereines peuvent alimenter la flamme de cette bougie. Vous n'avez pas tant besoin de changer vos pensées que d'apprendre à être une énergie pacifique qui éclaire le chemin et attire des pensées et des êtres harmonieux et sereins. C'est comme cela que vous deviendrez un être de paix.

De toute évidence, vous emportez ce réceptacle intérieur partout où vous allez. Lorsque les autres essaient d'exercer une forme de pression sur vous, lorsque vous vous sentez submergé, lorsque surviennent des situations qui suscitaient auparavant votre détresse ou votre bellicisme, vous pouvez vous tourner tout de suite vers votre flamme de paix intérieure et voir par quel moyen continuer à la faire brûler. De la sorte, vous *êtes* la paix que vous souhaitez atteindre. Vous émettez une vibration en harmonie avec votre désir d'être une personne tranquille et affable, au lieu de quelqu'un souffrant de la maladie qui consiste à essayer d'accélérer le rythme de la vie. Vous avez déjà constaté les résultats de cette folie, et vous remarquez des symptômes de stress chez presque toutes les personnes que vous croisez.

En qualité d'être de paix, vous exercez une influence importante sur tout votre entourage. Il est presque totalement impossible d'être stressé en présence de quelqu'un qui a choisi d'*être la paix*. La paix est une énergie supérieure et plus rapide : quand vous êtes la paix, votre présence à elle seule suffit à invalider le malaise et la tension des personnes que vous côtoyez. En fait, cet état permet à des phéromones d'énergie mesurables d'émaner de vous. Elles affectent les autres, qui se calment sans avoir conscience de la transformation à l'œuvre en eux. Le secret de ce principe permettant de remettre votre vie en équilibre est le suivant : *Être la paix et l'harmonie que vous désirez.* Rien ni personne ne le fera à votre place.

Vous n'êtes pas prêt à faire vôtre le conseil profond de Nisargadatta et à vous contenter d'être ? Dans ce cas, efforcez-vous de *devenir* cette personne éclairée de l'intérieur par la flamme d'une bougie qui ne vacille jamais. Voici quelques exercices qui vous permettront d'entamer le chemin vers la paix.

Désirez plus pour les autres que pour vous-même la paix que vous voulez atteindre

Habituez-vous à distribuer la paix où que vous alliez, en imaginant que votre récipient intérieur ne contient que des pensées pacifiques. Offrez cette énergie partout où s'en présente l'occasion. Adoptez une attitude conciliante à l'égard de vos collègues de travail, des membres de votre famille, et en particulier de ceux pour lesquels vous éprouvez un sentiment amoureux. Laissez votre ego derrière la porte, d'où il lui sera impossible d'éteindre la flamme de votre bougie. Puis offrez à quelqu'un avec qui vous avez l'habitude de vous chamailler et d'agir de travers une pensée inédite, éclairée par cette lumière, telle que : *Vous avez raison ; je vais y réfléchir.* Ou : *Merci de m'avoir donné votre avis, j'estime votre opinion.* Votre interlocuteur sera peut-être dans un premier temps abasourdi par vos déclarations, mais vous saurez que vous vous exercez à devenir un être de paix, en offrant ce que vous désirez.

Demandez

Utilisez les mots de saint François pour demander à devenir la paix : *Fais de moi un instrument de Ta paix.* L'acte de demander, même si vous n'obtenez pas tout de suite de réponse, fera pencher la balance dans le sens qui vous permettra de devenir la paix que vous recherchez. Une fois que vous aurez formulé cette demande, vous vous apercevrez que vous recevez plus facilement que vous ne l'imaginiez. Ce processus met votre ego en suspens, il permet à des énergies d'ordre plus élevé, plus spirituel, d'exercer un poids qui vous entraîne vers un meilleur équilibre.

Ralentissez

Prenez votre temps. Je vous incite à copier les citations de Bertrand Russell et de Rama Krishna en exergue de ce chapitre. Affichez-les partout où elles ne pourront échapper à votre regard, pour leur permettre de devenir partie intégrante de vous-même. Votre travail ne présente pas une importance extraordinaire... Vos devoirs quotidiens ne sont pas d'une importance essentielle... Tout en haut de votre liste de priorités, placez *être en équilibre avec la source de la création*. À présent que vous avez ralenti le rythme, devenez réfléchi, invitez le Divin à pénétrer dans votre vie. Être la paix que vous désirez signifie devenir une personne détendue, dont le point d'équilibre n'attire ni l'angoisse ni les symptômes de stress.

Faites des efforts délibérés, conscients, pour ralentir votre rythme en détendant votre esprit. Accordez-vous un peu plus de temps pour apprécier la vie, ici sur cette planète. Devenez plus contemplatif : observez les étoiles, les nuages, les rivières, les animaux, les tempêtes de pluie, et le monde de la nature dans son ensemble. Puis cette énergie aimante, plus lente, étendez-la à tout le monde, à commencer par votre famille : prenez quelques heures de liberté pour vous amuser avec vos enfants, prêter l'oreille à leurs idées, leur lire une histoire. Allez faire une promenade avec l'être que vous chérissez le plus au monde et confiez-lui le prix infini que vous accordez à sa présence dans votre vie.

Élargissez cette façon de voir les choses plus calmement à votre univers professionnel, à votre communauté, et même aux étrangers. Faites l'effort de céder votre place à quelqu'un dans une queue, au lieu de vous précipiter pour passer devant tout le monde. Prenez conscience de vos efforts pour devenir la paix qui fait l'objet de votre quête et pour vivre en équilibre, y compris lorsque vous êtes au volant. Comme vous avez ralenti le rythme de vos pensées et décidé d'apprécier un peu plus la vie, arrêtez votre voiture au feu orange, au lieu d'accélérer pour le griller. Conduisez consciemment sans vous presser, plutôt que de foncer comme un fou pour arriver à destination deux minutes plus tôt. Laissez les autres conducteurs s'introduire dans le flot de la circulation par courtoisie, même si vous avez la priorité.

Vous disposez donc de tout un arsenal de moyens qui vous permettront d'entamer le processus d'ajustement. Prenez conscience de votre désir d'être en paix, et harmonisez vos pensées avec lui. Vous ferez preuve de davantage de compassion, pour la simple raison que vous aurez fait coïncider votre monde intérieur avec votre désir de trouver le juste milieu. Au fil de cette quête magnifique, vous vous apercevrez que votre corps est plus équilibré, car vous souffrirez moins du stress. Votre poids trouvera son niveau idéal. Votre peau reflétera l'équilibre et la paix. Votre digestion s'améliorera sans l'aide de pilules. Votre rythme de sommeil s'adaptera. Bref, vous atteindrez un équilibre parfait.

Non seulement vous serez équilibré, mais, suprême ironie, vous deviendrez plus productif ! Ayant atteint la paix pour la première fois depuis votre enfance, vous constaterez que votre vie est plus florissante. Suivez le conseil de mon maître, Nisargadatta Maharaj : *simplement être !*

Essayez. Je vous promets que vous serez agréablement surpris !

III

Vous ne pouvez pas embrasser votre oreille

Retrouver l'équilibre entre la perception
que vous avez de vous-même et l'image
que vous projetez dans le monde

> « *Ce que pensent les autres de mes actes
> ne m'intéresse pas, alors que l'idée
> que je m'en fais m'importe beaucoup.
> C'est cela, le caractère !* »
>
> Theodore ROOSEVELT

> « *Mieux vaut être haï pour ce que l'on est,
> qu'aimé pour ce que l'on n'est pas.* »
>
> André GIDE

La citation de Theodore Roosevelt qui ouvre ce chapitre est à la fois fascinante et pleine d'ironie. C'est souvent dans la réaction des êtres dont vous appréciez et respectez les opinions que vous découvrez votre point d'équilibre. Vous disposez là d'un instrument de mesure d'une valeur exceptionnelle. Ne vous préoccuper que de ce que vous inspirent vos actes et vos comportements, aux dépens de ce qu'en pensent les autres, risque de vous déséquilibrer. Je ne prétends en aucun cas que les opinions ou les critiques, voire les louanges vous pétrifient, vous bouleversent ou vous flattent en quoi que ce soit. Trop de prix accordé aux avis de tiers peut signifier que les louanges ou les critiques font partie de l'ensemble qui déséquilibre les plateaux de la balance. Je vais illustrer cette opinion à l'aide d'un exemple personnel.

Je me souviens avec précision de mes débuts de professeur, lors de la session estivale de Wayne State University en 1970. Plusieurs étudiants faisaient un exposé devant les élèves de ma classe, dans le cadre de la fin de leur troisième cycle. À plusieurs reprises, j'entendis des jacassements et des fous rires provoqués par les singeries de ces étudiants, mais je m'abstins de réagir, car je ne comprenais pas ce qui provoquait leur hilarité. Pour finir, comme ils étaient de plus en plus nombreux à regarder dans ma direction, afin de savoir ce que cet exposé m'inspirait, j'eus la sensation de recevoir un pot de fleurs sur la tête et la lumière se fit dans mon esprit : ils m'imitaient ! L'un d'entre eux avait défait sa ceinture pour permettre à un petit bedon de déborder de son pantalon. Certains de ses compagnons s'exprimaient d'une voix outrageusement sonore et gesticulaient frénétiquement, sans arrêter de faire des gribouillis indéchiffrables sur le tableau.

Et j'étais gentiment en train d'assister à *ma propre* imitation ! Le portrait qu'ils brossaient était totalement à l'opposé de la vision que j'avais, et de moi, et de l'image que je projetais à l'extérieur. Plus de trente-cinq ans se sont écoulés depuis, mais je me souviens de ce petit épisode comme s'il datait d'hier. Presque dans la foulée, j'ai décidé de me débarrasser de cette bedaine et de cultiver une forme physique optimum. J'ai également appris à devenir un professeur au ton moins dogmatique.

Nous avons la possibilité d'apprendre beaucoup sur la perception qu'ont les autres de nous, dans la mesure où nous sommes capables d'assimiler l'information qu'ils nous renvoient. J'ai pu constater, en participant notamment à l'éducation de huit enfants, qu'il existe souvent un énorme déséquilibre entre l'image que nous avons de nous et la manière dont le reste du monde nous perçoit. La prise de conscience de cette disparité peut nous aider à mener une vie plus épanouie et plus équilibrée. Vous n'avez sans doute aucune envie de fonder toute votre existence sur le fait de plaire à votre entourage. Un individu équilibré, néanmoins, est libre de choisir de procéder à des changements, si les réactions éventuellement peu flatteuses qu'il suscite le gênent.

L'apparence de déséquilibre

À cet égard, la question la plus importante est peut-être la suivante : *Comment souhaitez-vous être perçu en ce monde ?* Tous ceux qui répondent qu'ils s'en moquent complètement essaient en quelque sorte de vivre avec des œillères – un mode de vie plutôt déséquilibré, personne ne dira le contraire. Bien évidemment que cela vous importe ! Dans certains cas, votre gagne-pain peut même dépendre de la réponse que vous apportez à cette question. Vous désirez goûter à une relation joyeuse, ludique, intime, affectueuse, solidaire, soucieuse, chaleureuse, attentionnée avec les autres. C'est la nature même de toutes nos relations humaines que de souhaiter donner et recevoir ces émotions et nous sentir unis les uns aux autres.

Si vous désirez également opérer une prise de conscience spirituelle, vous devez établir une plus grande harmonie avec votre source spirituelle. Il s'agit de la source de l'amour, de la bonté, de la joie, de la beauté, de l'absence de jugement, de la créativité et de l'abondance illimitée. Si vous pensez incarner toutes ces qualités, alors que tout le monde vous perçoit sous un jour totalement différent, il est probable que vous vivez dans l'illusion et que votre déséquilibre perdurera.

Je veux être considéré comme une personne fiable : telle est la formulation la plus simple de la manière dont vous désirez être perçu de l'extérieur. Vous souhaitez que coïncident véritablement l'idée que vous vous faites de vous et l'image que vous donnez aux autres. Si ce n'est pas le cas, vous en avez parfaitement conscience, même si vous choisissez de l'ignorer. Le déséquilibre affleure dans vos interactions quotidiennes, il se manifeste dans le fait qu'il vous arrive de vous sentir bouleversé, décalé, confus, et souvent incompris. *Mes intentions sont bonnes, pour quelle raison personne ne s'en rend compte ?* Et *J'essaie d'être un bon employé, un bon père, un bon citoyen et un bon mari, mais j'ai l'impression d'être sans arrêt mal interprété et mal jugé.* Cette situation aboutit à un constant sentiment de frustration, voire de colère. Vous êtes dans un état émotionnel d'angoisse ou de tristesse qui se résume par : *Je sais que je suis quelqu'un de bien, animé de bonnes intentions, mais personne d'autre ne semble en avoir conscience.*

Vous avez besoin de retrouver des assises d'énergie qui vous permettront de rétablir l'équilibre entre votre moi idéalisé et votre moi incarné, tel que le perçoivent la majorité des personnes de votre entourage.

Maintenir l'équilibre grâce au réajustement

Lorsque vous établissez l'équilibre entre ce que vous souhaitez être et la perception que les autres ont de vous, vous avez l'impression d'être en harmonie avec la vie. Non pas que vous soyez en quête d'approbation ni que vous rampiez pour obtenir respect ou amour. Vous apparaissez au contraire en phase avec votre désir intérieur d'être le genre de personne que vous êtes.

Pour ce faire, il vous faut d'abord prendre conscience des moments où vous avez la sensation d'être mal perçu, puis déterminer si vos paroles et vos actes correspondent à vos véritables pensées intérieures. Cette vérification vous fournira, presque automatiquement, une lecture comparée entre ce que vous projetez à l'extérieur et ce que vous voulez exprimer en votre for intérieur. Examinons certains de ces éléments, sans oublier que toutes les idées que vous nourrissez sur vous-même ont une composante d'énergie.

Voici quelques-unes des qualités les plus évidentes que vous pensez posséder. Passez ces éléments en revue, sans oublier que votre but est d'établir un équilibre entre ce que vous projetez lors de vos interactions et comportements quotidiens et votre vérité intérieure. Cette vérification exige que vous soyez honnête envers vous-même, et prêt à faire preuve d'une humilité radicale.

Je suis un être humain aimant. Si vous pensez, si vous avez la conviction que vous possédez véritablement cette qualité, vous avez déjà parcouru les deux tiers du chemin vers l'équilibre. En dehors de votre désir d'être une personne aimante et de votre *vérité intérieure* qui fait effectivement de vous une personne aimante, ne demeure qu'un troisième élément : la perception qu'ont les autres de vous. Si vous vous sentez incompris ou mal aimé, il vous faut, avant d'équilibrer parfaitement la balance, déterminer comment est perçu par les autres l'être humain aimant que vous estimez et voulez être.

Voici quelques comportements qui vous empêchent d'être perçu comme un être humain aimant et qui sont à la source d'un déséquilibre :

• une attitude haineuse très affirmée à l'égard de quiconque ou de n'importe quel groupe humain ;

• une violence protéiforme, y compris dans la manifestation de crises d'agressivité verbale ;

• l'approbation d'armes conçues dans le but de provoquer de gigantesques ravages ;

• le goût pour des films débordant d'images de haine et de tueries ;

• l'habitude de minimiser verbalement les convictions des autres et de soutenir que les vôtres sont supérieures.

Pour être en mesure d'opérer l'ajustement qui aboutira à l'équilibre que vous voulez atteindre, vous devez chercher à connaître les impressions des personnes qui comptent dans votre vie. Demandez-leur si vous apparaissez comme l'être humain aimant que vous pensez être. Entreprenez ensuite de contrôler vos pensées, afin de voir dans quelle mesure elles sont en harmonie avec votre autoportrait. Pour finir, laissez vos pensées chargées d'amour devenir la force motrice de vos comportements qui en sont dénués. C'est là que se situe le véritable réajustement.

Considérez le monde comme un immense miroir qui vous renvoie l'image exacte de ce que vous êtes. Si vous êtes véritablement un être humain aimant, le monde vous apparaîtra comme un lieu aimant, et vous serez perçu ainsi. Vous aurez rétabli l'équilibre et, en conséquence, il n'y aura pas de divergence entre l'image que vous avez de vous-même et celle que vous renvoie le monde. Si ce dernier continue à vous apparaître comme un endroit sans amour et invivable, je vous conseille vivement de continuer à examiner le genre d'énergie que vous projetez.

Je suis quelqu'un de bon. Vous ne pouvez pas faire preuve de bonté à mon égard et vous montrer désagréable avec un serveur, par exemple… et être équilibré. Lorsque vous passez votre temps à manifester votre supériorité aux autres, même si vous avez l'impression que votre attitude est justifiée, vous êtes perçu et défini comme un être arrogant. Vous devez savoir que vous ne donnez pas l'image d'un être équilibré et aimable.

Il n'est pas impossible que vous traitiez vos enfants et votre grand-mère avec gentillesse, voire tous les enfants et toutes les grands-mères du monde. Mais si vous perdez votre sang-froid et que vous klaxonnez de fureur contre une grand-mère qui conduit ses petits-enfants à l'école à la vitesse d'un escargot, alors vous n'êtes *absolument pas* en harmonie. Il y a un gouffre entre votre propre moi idéalisé et la perception qu'ont les autres de vous et il créera en vous un véritable déséquilibre, susceptible de se manifester sous la forme d'un désordre de la personnalité. Vous savez que vous ne vivez pas à la hauteur de vos prétentions, et des tiers le font remarquer de plus en plus souvent.

Vous seul êtes capable de prendre la décision de dégager les vibrations qui vous permettront d'être en accord avec votre désir d'être perçu comme un être humain empli de bonté, et vous pouvez prendre conscience des moments où vous n'êtes pas synchrone avec ce désir : vous avez la capacité d'annuler une pensée désagréable en cours de route et de la remplacer, en un claquement de doigts, par une pensée harmonieuse. Vous pouvez arrêter en plein vol une insulte que vous lancez à quelqu'un et vous élever mentalement vers la bonté. Si vous vous considérez comme un être qui désire être bon, passez volontairement du temps chaque jour à harmoniser vos pensées et votre désir. L'univers se montrera coopératif à votre égard, il vous apportera une quantité de plus en plus grande de cette bonté.

Je suis un être humain joyeux et heureux. Vous allez mesurer cette qualité à l'aune de vos sentiments, en les analysant. En fait, ils exigent votre attention absolue. Vous sentez-vous bien la plupart du temps ou êtes-vous quelqu'un qui cherche des occasions de se sentir vexé ? Vous sentez-vous heureux et satisfait, ou vous laissez-vous facilement scandaliser par la mauvaise conduite des autres ? Votre joie se transforme-t-elle aisément en désespoir quand vous lisez le journal ou quand vous écoutez les informations ? Les personnes de votre entourage pensent-elles vraiment que vous êtes un joyeux luron dans votre vie quotidienne ? Entendez-vous régulièrement les autres vous dire « déride-toi » ou « calme-toi » ou « arrête de te mettre dans des états pareils » ? Ces indices vous aideront à discerner l'équilibre ou le déséquilibre entre l'image que vous vous faites de vous-même et celle que vous projetez. Pour ce qui est de ce principe, la vérification d'ajustement consiste à prendre conscience de vos sentiments et de votre faculté à vous y tenir, ainsi que des informations que vous renvoient les personnes en lesquelles vous avez confiance.

Vous êtes une personne gaie si vous êtes animé par la joie, si vous répandez de la joie chaque fois que l'occasion se présente, et si les membres de votre entourage se sentent joyeux en votre présence.

Voici quelques suggestions pour vous aider à rétablir l'équilibre par rapport à ce principe :

- Engagez-vous à chercher la joie partout ;
- Dès que cela est possible, faites des commentaires joyeux ;
- Soyez de bonne humeur en allant vers les autres, même si vous êtes obligé au départ de feindre cette gaieté ;
- Préférez les louanges aux lamentations, ne vous appesantissez pas sur les maux de ce monde ;
- Saisissez chaque occasion d'irradier la joie.

Si vous parvenez à faire en sorte que la joie devienne votre mode d'appréhension du monde, vous rétablirez l'équilibre entre la vision que vous avez de vous-même et la perception qu'ont les autres de vous. Si l'énergie que vous projetez est ressentie par les autres comme une menace, s'ils se sentent mal à l'aise en votre présence et s'ils n'ont pas envie de partager votre compagnie, vous êtes tout simplement en rupture d'équilibre. Si vous n'avez qu'une idée vague de l'effet que vous exercez sur les autres, dressez la liste de ceux qui sont prêts à faire preuve d'honnêteté à votre égard, et découvrez dans quelle mesure votre perception de vous-même correspond à l'opinion qu'ils se font de vous.

Je suis un être humain qui s'abstient de juger. Si tel est vraiment le cas, il vous sera impossible de généraliser et de catégoriser les individus dans des groupes : vieux, beurs, sans éducation, préados, de droite ou de gauche, conservateurs, libéraux et ainsi de suite. Un stéréotype est un jugement... Vous ne pouvez pas être quelqu'un qui s'abstient de juger et vous montrer en même temps critique à propos des manières différentes qu'ont les gens de s'exprimer, de manger, de s'habiller, de se côtoyer, de danser ou de faire quoi que ce soit d'autre. Si vous pensez ne pas porter de jugement, tout en admettant être enclin à critiquer et à généraliser, alors vous êtes en rupture d'équilibre ! Il faut vous ajuster, de manière à faire vibrer vos pensées actuelles et, au bout du compte, votre comportement, en harmonie avec votre autoportrait intérieur.

Prenez volontairement la décision de chercher les qualités positives et agréables d'autrui. Ayez l'habitude de complimenter ceux qui vous entourent. Décidez que vous n'allez plus tenir compte des stéréotypes, et refusez de participer à des conversations au cours desquelles des jugements négatifs vont être exprimés. Transformez les jugements en bénédictions, afin de corriger le déséquilibre entre ce que vous voulez être et l'image que vous présentez au monde.

Si vous voulez être quelqu'un qui s'abstient de juger et être en harmonie avec votre prochain sur ce plan, je vous suggère d'adopter une attitude de respect et d'émerveillement qui vous fera apprécier la beauté inhérente à tout être et à toute chose. Cessez de remarquer comme vous en avez pris l'habitude *ce qui ne vous plaît pas*, et cherchez à la place avec insistance ce que vous trouvez agréable. Vos découvertes, servez-vous-en ensuite comme moyen de renforcer cette nouvelle coutume de tout accepter sans conditions.

Même si vos jugements ne sont rien d'autre que des pensées, je vous incite à modifier ces dernières dès que vous les voyez poindre à l'horizon. Si vous vous dites *Il est dégoûtant* à la vue d'une personne obèse, vous vous placez en position d'attirer le dégoût. Rétablissez l'équilibre de cette énergie en envoyant tout bas une bénédiction à cet individu. Du côté de la balance où le jugement n'a pas lieu d'être, pensez à la quantité d'amour et de soutien qui pourrait lui être bénéfique. Je vous garantis que vous ressentirez une différence intérieure, et que vous éprouverez en même temps une relation d'ordre plus compassionnel avec cette personne. L'absence de jugement dégage une énergie totalement équilibrante, contrairement à celle qui émane du mépris ou de tout autre opinion négative.

Prenez conscience de tous vos comportements et de tous vos sentiments. Essayez ensuite de déterminer s'ils sont en harmonie avec la vision que vous avez de vous et si les autres voient la même image que vous. Quand vous découvrirez un déséquilibre, vous sentirez tout de suite un désaccord, et c'est là que vous aurez la possibilité de changer vos habitudes, afin de les faire coïncider avec vos désirs, et de rétablir l'équilibre dans votre vie.

D. H. Lawrence a déclaré : « Il vous est possible d'atteindre les choses que vous désirez intuitivement. » Je ne pourrais davantage partager son avis. Vous devez toutefois vous demander sans cesse : *Mon désir intuitif correspond-il à ce que j'offre au monde ?* Lorsque cela est le cas, l'équilibre est rétabli et, en récompense, vous vous accomplissez.

IV

Vos dépendances vous disent :
« Vous ne serez jamais rassasié
de ce dont vous n'avez pas besoin. »

Retrouver l'équilibre entre ce que vous voulez
et votre comportement addictif

> *« Car un homme juste tombe sept fois,*
> *et il se relève encore. »*
>
> Proverbes 24 : 16

> *« Tout élément terrifiant est, au plus profond,*
> *une chose impuissante qui réclame notre aide. »*
>
> Rainer Maria RILKE

S'il me fallait évaluer les neuf lois de l'harmonie détaillées dans ce livre, celle-ci pourrait obtenir la palme : *Dépenser notre précieuse énergie vitale à pourchasser quelque chose que nous ne désirons pas, et ne jamais obtenir en quantité suffisante ce que nous poursuivons sans relâche !* Heureusement, il s'agit là d'un déséquilibre relativement facile à corriger, en dépit de tout ce que l'on nous a raconté sur le chemin pavé d'obstacles menant à la conquête de ses dépendances. Selon moi, il ne faut pas aborder le problème en termes de *combattre* et *vaincre* la dépendance, mais commencer par supprimer ces mots de notre vocabulaire. Martin Luther King a un jour déclaré que l'on ne peut transformer un ennemi en ami que par le biais de l'amour. Non par la haine ou le combat.

Nous n'avons rien à vaincre, et rien non plus à combattre

Réfléchissez aux résultats que nous avons obtenus lorsque nous avons essayé de combattre quelque chose en vue de le conquérir. Par exemple, depuis que la guerre a été déclarée contre la pauvreté, le nombre de démunis ne cesse d'augmenter. Nos guerres contre la drogue n'ont suffi qu'à tripler notre population carcérale et à fournir davantage de substances illicites à des gens de plus en plus nombreux et jeunes (dès la sixième, il est rare de trouver un enfant qui ignore comment s'y prendre pour se procurer toutes sortes de drogues). Nos guerres contre la criminalité ont abouti à créer plus de criminels, plus de peur, plus de surveillance, plus de méfiance, et plus de maltraitance de la part du personnel chargé d'appliquer la loi. Notre guerre contre le terrorisme l'a en fait exacerbé. Lorsque la guerre a été officiellement déclarée contre l'Irak, les États-Unis ont attisé la haine contre eux et le nombre de gens prêts à se transformer en bombes humaines s'est dramatiquement multiplié. Par ailleurs, nos guerres contre le cancer, l'obésité et la faim ne sont pas parvenues non plus à éliminer ces maux.

Voici le raisonnement sous-tendant ce que je viens d'esquisser : la vérité de cet univers, c'est que nous vivons à l'intérieur d'un système d'énergie qui fonctionne sur la loi de l'attraction. En bref, nous devenons ce que nous pensons toute la journée. Si nous nous appesantissons sur ce que nous haïssons, nous offrons cette énergie à nos désirs. Ce système fait que nous attirons ce que nous pensons le plus souvent. Par conséquent, nous agissons sur nos pensées : nos pensées de haine, de violence, de combat, de guerre génèrent des actes haineux, violents, combatifs et guerriers. Et regardez le résultat : les fruits de ces pensées mûrissent, même si nos intentions sont positivement accordées avec l'énergie divine. Nous obtenons ce que nous pensons, que nous le voulions ou non.

Nous pouvons presque avoir la garantie que la réaction à des pensées qui se traduisent par des combats et des guerres sera une contre-force : en résumé, d'autres nous rendront la monnaie de notre pièce, conformément à notre désir de nous battre et de faire la guerre. Ce genre de force/contre-force peut se poursuivre pendant des siècles, car des générations encore à naître sont programmées pour poursuivre ce combat.

Cette explication de la manière dont la guerre nous affaiblit et génère plus de déséquilibre dans nos vies s'applique aussi à notre expérience de la dépendance. Nous pouvons nous libérer relativement rapidement de nos dépendances, à condition de décider de ne plus essayer d'y parvenir en termes de lutte et de conquête. Il nous faut remplacer le combat par des pensées et une énergie qui n'ont rien de belliqueux. Comme le dit Emerson de façon si succincte : « Le remède à tous les faux pas, le remède à l'aveuglement, le remède au crime, est l'amour… » Et je peux vous assurer que les dépendances sont un énorme faux pas, car j'ai passé une grande partie de ma vie à m'immerger dans cette folie.

Dépassez les raisonnements fallacieux

Pour ceux d'entre vous qui ne connaissent pas mon ami Ram Dass, il a aidé à forger la prise de conscience de toute une génération, à la fin des années 1960, avec son best-seller *Be Here Now*.

L'une des anecdotes de Ram Dass que je préfère est celle de sa première rencontre avec son gourou indien, Neem Karoli Baba. Ram Dass avait emporté en Inde quelques pilules destinées à modifier de façon substantielle notre état de conscience. Neem Karoli Baba le sermonna au sujet de ces pilules et lui demanda de les lui remettre toutes. Ram Dass pensait s'être muni d'une réserve de cette puissante substance psychédélique suffisante pour tenir un bon moment, mais il vit, avec stupeur et horreur, son maître éclairé les avaler toutes sous ses yeux, sans manifester aucune réaction. Son gourou lui demanda alors s'il lui en restait d'autres, étant donné que les premières n'avaient clairement aucun effet sur lui. Ram Dass conclut cette histoire par l'une de ses observations les plus sagaces : « Quand on est déjà à Detroit, dit-il, on n'a pas besoin de prendre un bus pour s'y rendre. »

Les dépendances en tout genre sont des véhicules qu'empruntent les êtres humains pour atteindre un lieu plus élevé, plus agréable, plus paisible, plus branché et plus excitant, et ainsi de suite. Mais si vous êtes sur la même longueur d'onde que cette énergie, vous n'avez de toute évidence aucun besoin de monter à bord d'un véhicule qui se rend dans un endroit où vous habitez déjà.

Pendant une grande partie de ma vie, j'ai joué avec les dépendances et les comportements dépendants. En fait, je dirais que ces différentes addictions ont été mes plus grands professeurs, qu'elles m'ont permis de voir qu'il existe un niveau de conscience plus élevé et un éveil bienheureux, accessible à nous tous. Mais je me rends parfaitement compte que l'utilisation de substances néfastes dans le but d'expérimenter cette réalité séparée est, sans le moindre doute, un moyen erroné d'y parvenir.

Le schéma se déroule plus ou moins comme suit : il nous faut toujours obtenir en plus grande quantité la chose que nous désirons. Plus nous en prenons ou nous en imbibons, plus nous en avons besoin. Plus nous en consommons, plus elle perd en efficacité. Et pour couronner ce gigantesque déséquilibre, la substance que nous utilisons pour atteindre ce lieu de félicité est nuisible à notre bien-être ! Nous désirons la félicité, la paix, l'amour, la santé, la liberté et *tutti quanti*, mais notre comportement addictif nous apporte exactement le contraire. S'il se poursuit sans entrave, il créera des ravages dans notre esprit et notre corps et finira par nous détruire.

Je suis libéré de la dépendance, et je souhaite vous dire que je ne suis pas parvenu à ce résultat en luttant contre ma nature dépendante. En fait, au fil de ma vie, plus j'essayais de vaincre mes dépendances au sucre, aux boissons gazeuses, à la caféine, à l'alcool, à la nicotine et à certaines drogues, plus ces substances augmentaient leur emprise sur moi. *Force/contre-force.* Je m'étais servi de mes armes, et elles avaient fourbi leur artillerie, mon corps étant le terrain de bataille où se livrait cette guerre. Je me taillais maladroitement un chemin vers des dépendances plus profondes. J'ai cité plus haut Ralph Waldo Emerson : « Le remède de tous les faux pas est l'amour. » Sous quel autre jour se présenteraient les choses si nous suivions son avis ? Les deux mots-clés sont *faux pas* et *amour*. Étudions-les de plus près.

Faux pas. Pourquoi qualifier une dépendance de faux pas ? C'est une dépendance que d'exiger une quantité toujours plus importante d'une chose que votre corps et votre esprit méprisent violemment. Choisir le monde de la dépendance au lieu de l'équilibre que constitue votre héritage spirituel est une déformation majeure du droit acquis à votre naissance. Quand vous faites ce choix, vous gérez votre vie en dépit du bon sens, un faux pas qui peut être corrigé par l'amour.

Vous êtes à l'origine d'un champ d'énergie spirituelle invisible de pur bien-être. Vous désirez trouver cet équilibre spirituel dans vos pensées et vos comportements. Tout de suite, ici-bas, en cet instant, sous votre forme physique. Vous voulez jouir de cette harmonie, et vous sentez qu'elle s'offre à vous sans que vous ayez à quitter votre corps ou, en d'autres termes, sans avoir à mourir. Si l'on suit ce raisonnement, ce désir se résumerait donc au fait que vous cherchez un équilibre qui vous permette de mourir tout en restant en vie.

Vous retournerez à l'esprit, à l'absence de forme, le jour de votre mort, mais vous pouvez choisir de vivre dans un équilibre véritablement éclairé ou dans la réalisation de Dieu... tout de suite, sous votre forme physique. Votre source ne crée pas à partir de la toxicité. Elle ne remplit ni vos veines, ni votre estomac, ni aucune partie de votre corps de poison ou d'excès. Elle crée à partir du bien-être, de l'équilibre et de la perfection naturelle... Il s'agit de votre héritage spirituel. Et l'amour peut corriger les faux pas qui vous écartent de votre moi spirituel.

L'amour. Pour quelle raison l'amour est-il l'antidote des dépendances ? La réponse est très simple : parce que l'amour est ce que vous êtes ; il constitue le centre de votre création. C'est de lui que vous êtes issu et il peut devenir tout autant votre point d'attraction. Comme le disait Karl Menninger à ses patients, et à quiconque souffrait et acceptait de l'écouter : « L'amour guérit, ceux qui reçoivent l'amour et ceux qui le donnent, aussi. » En transcendant vos habitudes de dépendance, vous avez l'occasion d'être à la fois celui qui donne et celui qui reçoit le baume spirituel de l'amour. Lorsque vous appliquez ce baume, vous sentez que votre vie retrouve son équilibre. Vous ne pourchassez plus une fausse liberté, et vous n'attirez plus ce dont vous ne voulez pas. À la place, vous cherchez l'équilibre instauré par le lien avec votre nature authentique.

La reconnexion au bien-être

Notre penchant pour les comportements dépendants diminue de manière substantielle quand nous commençons à faire en sorte de nous reconnecter à notre source d'existence. De nombreux ouvrages ont été écrits sur la manière de vaincre les dépendances. Il existe d'innombrables programmes et centres de réhabilitation pour aider les prisonniers des drogues, de l'alcool, de la nourriture, de la caféine, du sexe, du jeu, ou de tout ce qui correspond à la description de la poursuite d'une chose que nous ne désirons pas.

Je soutiens tout programme destiné à aider les êtres à échapper à ce cycle déséquilibrant qui détruit un si grand nombre de vies. J'y participerai ici en décrivant brièvement des éléments essentiels qui m'ont beaucoup aidé à me libérer des dépendances. Les cinq réflexions suivantes m'ont permis d'inverser mon mode de pensée et mes comportements déséquilibrés. Mises en pratique avec honnêteté et intégrité, elles peuvent contribuer à vous conférer une nouvelle émancipation et un bien-être qui vous permettront de vous libérer d'addictions non désirées, bref à créer de l'harmonie dans votre vie.

1. Tout est une question de réajustement

C'est la base de tout, parce que lorsque vous mettez véritablement ce principe en pratique vous n'avez pas la moindre envie de poursuivre ce que vous ne voulez pas, aux dépens de ce que vous voulez. Vous désirez vous sentir en harmonie et éprouver du bien-être. Comme vous êtes issu du bien-être, il vous suffit de choisir des pensées en accord avec cette assise pour retrouver le chemin de l'équilibre.

Chaque fois et partout où cela est possible, habituez-vous à prier en silence, pour créer un arrière-plan stable. Personnalisez et variez vos prières selon l'exemple suivant, dérivé de la prière de saint François d'Assise : *Fais de moi un instrument de Ton bien-être.* Développez une image de vous-même faisant sans cesse appel à l'énergie bienfaisante qui émane de votre source spirituelle. Comparez-vous à un animal, lequel ne cherchera jamais à poursuivre une chose dont il ne veut pas. Pour quelle raison les oiseaux ne chassent-ils pas les papillons ? Parce que ces derniers sont venimeux. Avez-vous jamais entendu parler d'un rouge-gorge suivant une analyse pour essayer de surmonter son désir de manger des papillons ? Exemple idiot, je vous l'accorde, mais cette image vous aidera si vous vous y accrochez.

Pensez donc comme un être humain en état de plénitude. Vous finirez par harmoniser vos réflexions avec la source divine que vous êtes, et vous vibrerez à l'unisson du bien-être qui est votre nature fondamentale.

2. Aimez vos dépendances

S'il s'agit de la nourriture, aimez-la. S'il s'agit de la cocaïne, aimez-la. S'il s'agit des antalgiques, aimez-les. S'il s'agit des cigarettes, aimez-les. Toutes ces dépendances sont vos plus grands professeurs. Elles vous montrent tout ce que vous ne voulez plus être. Pour une raison ou une autre, elles vous ont entraîné dans les profondeurs. Vous faites partie d'un système intelligent. Il n'existe pas d'accidents dans un univers sous-tendu par l'omniscience et l'omnipotence. Soyez reconnaissant envers ces professeurs.

Si vous haïssez ces dépendances, si vous les maudissez et si vous essayez de les combattre, vous faites pencher la balance du côté de la haine et de la lutte. Vous continuez alors à pourchasser une chose dont vous ne voulez pas, parce que vous êtes affaibli. La lutte affaiblit ; l'amour donne de la force.

Faites donc pencher la balance du côté de l'amour. Éprouvez de la reconnaissance envers les addictions qui vous ont tant appris. Bénissez-les intérieurement. Ce faisant, vous vous déplacerez vers l'amour que vous êtes.

3. Aimez-vous vous-même

Si vous choisissez d'aimer vos dépendances, cela se produira naturellement. Considérez que votre corps est un temple sacré, auquel vous manifestez du respect par amour. Prenez conscience de chaque organe, chaque goutte de sang, chaque appendice et chaque cellule qui le constituent, et soyez-leur reconnaissant. Commencez, sur-le-champ, à offrir tout bas une prière de gratitude à votre foie, à votre cœur et à votre cerveau. Contentez-vous de dire : *Merci, Dieu, pour ce splendide cadeau. Je le chéris et, avec votre aide, je commencerai dès aujourd'hui à l'aimer sans conditions.* Si vous vous sentez toujours attiré par les substances que vous méprisez, prononcez cette prière silencieuse avant de les ingérer. Au bout du compte, l'amour deviendra le poids additionnel qui rééquilibrera votre vie.

L'un de mes poètes américains préférés, Henry W. Longfellow, nous dit : « Celui qui se respecte est à l'abri des autres ; il porte une cotte de mailles que personne ne peut transpercer. » L'amour et le respect véritables que nous nous portons sont identiques au bouclier d'une cuirasse, fabriquée d'anneaux de métal et de chaînes qui nous protègent de *l'autre*, dépendant, qui faisait partie de notre vie.

4. Débarrassez-vous de toute honte

Vous n'avez rien fait de mal. Vous n'avez pas échoué – vous vous êtes contenté de produire des résultats. La question n'est pas de mesurer leur caractère néfaste, mais de savoir ce que vous allez en faire. Si vous optez pour la honte et la culpabilité, vous choisissez la réaction émotionnelle qui va, plus que toute autre, vous réduire à l'impuissance. Quelle que soit votre situation actuelle au regard de vos dépendances, décidez que tout est parfait. Les traumatismes que vous avez subis étaient un passage obligé. Vous deviez décevoir les personnes que vous avez maltraitées. Vous deviez descendre si bas. Vous aviez besoin de cette énergie négative pour vous aider à générer l'énergie qui vous permettra d'atteindre le lieu plus élevé vers lequel vous tendez à présent.

Aux yeux de Dieu, vous demeurez un être divin, en dépit de toutes les faiblesses qui vous apparaissent incompatibles avec Son amour. Vous aviez besoin de vivre toutes ces expériences, et à présent que vous envisagez de les abandonner et de rejoindre votre source spirituelle de bien-être, la honte ne constituera qu'un obstacle qui vous renverra à ce monde dans lequel vous ne serez jamais rassasié de ce dont vous n'avez pas besoin.

5. *Vivez sur les bases d'une nouvelle connaissance*

Pour finir, créez un espace intérieur, un endroit très privé, connu seulement de Dieu et vous. Dans ce lieu intérieur, affichez les paroles : *Je sais*. Elles vous relient de manière invisible à Dieu, là où votre nouveau moi, libéré des dépendances, se caractérise par la pureté et le bien-être. Indépendamment du nombre de personnes qui n'ont pas confiance en vous et vous rappellent le nombre d'occasions où vous n'êtes pas parvenu à vous montrer à la hauteur de vos promesses, il s'agit de votre espace de connaissance.

De ce lieu inébranlable, demandez à Dieu de vous guider. Demandez-Lui de faire couler directement dans votre cœur l'énergie extatique de la pureté et du bien-être. Si vous dérapez, réfugiez-vous tout de suite dans cet espace de connaissance. Pardonnez-vous à vous-même et imaginez-vous enveloppé de l'amour de Dieu qui vous a redonné votre équilibre. Je suis un homme qui s'est trouvé dans cet endroit, et je peux vous promettre que vous bénéficierez de tous les conseils, instructions et force dont vous avez besoin – et que vous obtiendrez ce que vous voulez *vraiment*, plutôt que ce que vous *ne voulez pas*.

La victoire sur le déséquilibre provoqué par les pensées addictives commence et se termine quand vous prenez conscience qu'avec l'aide de votre source vous disposez immédiatement de tout le nécessaire pour mettre un terme à ce déséquilibre. Comme nous le rappelle un adage hindou : « Dieu fournit de la nourriture à chaque oiseau, mais il ne la jette pas dans son nid. » Conformez-vous à Dieu et prenez votre envol, délesté du poids de la dépendance. Je vous promets qu'il est beaucoup plus exaltant d'être équilibré, en harmonie, et libéré des addictions !

V

Vous n'êtes pas ce que vous *mangez*, vous êtes ce que vous *croyez* que reflète votre alimentation

Retrouver l'équilibre entre votre désir
de vous sentir à l'aise dans votre corps,
votre alimentation et votre exercice physique

« *Ne négligez pas ce corps. Il est la maison de Dieu.*
Prenez-en soin, Dieu ne peut être réalisé qu'en lui. »

Nisargadatta MAHARAJ

« *Si nous croyons passionnément à une chose*
qui n'existe pas encore, nous la créons.
Ce qui n'existe pas,
c'est ce que nous n'avons pas assez désiré. »

Nikos KAZANTZAKIS

Vos croyances reflètent, tout autant que votre régime et l'exercice que vous pratiquez, l'état de santé actuel de votre corps. Si vous désirez avoir un corps dans une forme splendide mais que vous avez une hygiène de vie malsaine, il va de soi que vous ne serez pas en harmonie. Cependant, les pensées et les croyances que vous nourrissez à propos de votre santé sont encore plus parlantes.

De toute évidence, vous souhaitez, comme tout le monde, jouir d'une santé parfaite. Plaçons donc ce vœu sur le barreau supérieur d'une échelle imaginaire qui en comprendra dix. C'est là, au point culminant des désirs que vous nourrissez pour votre santé, que se situe votre vœu d'avoir un corps sain et parfaitement huilé. Visualisez à présent cette échelle de dix barreaux en vous posant les deux questions suivantes :

Sur quel barreau de l'échelle se situent *mes comportements* par rapport à mon désir d'atteindre le dixième barreau ?

Sur quel barreau de l'échelle se situe *l'idée que je me fais de mes comportements* par rapport à mon désir d'atteindre le dixième barreau ?

Toute personne souffrant d'embonpoint et dans une méforme physique telle qu'il lui suffit de monter quelques étages pour avoir le souffle coupé dépense une énergie correspondant au deuxième barreau de l'échelle afin de concrétiser des désirs situés sur le dixième. En d'autres termes, elle est en totale rupture d'équilibre. On peut en dire autant de tous ceux affligés d'un certain nombre de maux physiques attribuables à leur mode de vie, tels qu'ulcères, tension élevée, indigestions, palpitations cardiaques et autres.

Pour créer équilibre et harmonie, qui vous permettront d'affirmer, en toute honnêteté, que votre corps ne peut pas être plus sain et que vous êtes reconnaissant de vivre dans une maison divine d'une telle splendeur, vous devez prendre plusieurs décisions pour répondre aux deux questions que je viens de poser. Vous serez peut-être surpris de lire que je ne vous propose ni de changer radicalement votre régime, ni de vous lancer dans un programme d'exercices physiques destiné à un champion de body-building ou à un coureur de marathon (même si ces options vous restent ouvertes). Non, je vous suggère d'opérer un réajustement radical de l'énergie que vous mettez à essayer de concrétiser votre désir du dixième barreau.

Si vous êtes trop gros, en mauvaise forme physique, et que vous souffrez de maladies dues à votre mode de vie, cette idée radicale exigera que vous fassiez preuve d'une grande détermination pour vaincre votre incrédulité. Commencez donc tout de suite par relire le titre de ce chapitre. N'est-il pas curieux de penser que votre régime ou votre manque d'exercice ne sont pas totalement responsables de votre état physique ? Peut-être que ce dernier est lié à *ce que vous croyez*.

La seconde citation en exergue de ce chapitre est signée de l'auteur de *Zorba le Grec*. Zorba est l'un des personnages de fiction les plus passionnés jamais imaginés, incarné dans un corps sans aucun rapport avec l'idéal d'un adepte du body-building. Nikos Kazantzakis nous encourage à croire de toutes nos forces, car nos croyances permettront à nos désirs de se concrétiser. Votre désir de connaître le plaisir de vivre dans un corps sain, situé sur le dixième barreau de l'échelle, prendra forme quand vous croirez assez fort en lui. C'est en adoptant cette attitude que vous pouvez corriger le déséquilibre provoqué par des comportements et des croyances diamétralement opposés à vos désirs, qui font pencher un plateau de la balance jusqu'au sol.

Retrouvez une santé équilibrée
en réajustant vos croyances

Deepak Chopra, collègue et ami de longue date, a un jour observé : « Votre cerveau sécrète une substance chimique qui transmet la nouvelle de votre bonheur aux cinquante-deux millions de cellules composant votre corps, lesquelles s'en réjouissent et y participent. » Imaginez-vous donc sur le point de savourer une glace nappée de chocolat chaud ou une part de gâteau d'anniversaire. Salivez-vous ou êtes-vous envahi par la culpabilité et l'appréhension, à la perspective d'avaler votre première bouchée ? Que vous êtes-vous mis dans la tête qui empêche votre cerveau de produire et de transmettre les bonnes nouvelles au reste de votre corps, y compris celles qui sont sur le point d'être transformées en malheureuses cellules d'embonpoint au lieu d'heureuses cellules saines ?

Même si vous avez du mal à l'accepter, il est beaucoup plus important que vous analysiez et changiez les idées que vous inspirent votre alimentation et votre hygiène de vie que vos repas et vos exercices physiques eux-mêmes. La relation entre l'esprit et le corps a été clairement établie par les recherches médicales et scientifiques. Vos croyances sont des pensées, et vos pensées sont de l'énergie. Si vous êtes convaincu que l'acte que vous êtes sur le point d'accomplir aura un effet délétère sur votre corps, vous faites exactement ce que suggère Kazantzakis : vous croyez passionnément en une chose qui n'existe pas encore. En résumé, votre réaction physique malsaine à ce que vous allez faire n'est qu'une pensée, et non une réalité concrète. Malheureusement, si vous vous accrochez à cette pensée, vous facilitez le processus qui lui permet de prendre une forme concrète.

Imaginons à présent que vous décidiez de croire de toutes vos forces en une chose qui n'existe pas encore, et que ce quelque chose c'est *vous*, à l'intérieur d'un corps en parfaite santé, entièrement composé du bien-être qui le caractérisait au moment où votre âme s'est incarnée. De plus, incitez-vous à croire que votre corps est capable de transformer tout carburant qu'il reçoit en cellules heureuses et saines – idée radicale, peut-être, car de nombreuses personnes ont plutôt l'opinion inverse. Que cela ne vous empêche pas de décider d'y croire avec passion, même si cette réalité n'existe pas encore.

Quand vous faites vôtre l'idée que votre cerveau et votre corps sont tout à fait capables de transformer n'importe quel carburant en cellules heureuses et saines, vous vous mettez à chercher autour de vous des preuves qui la corroborent, au lieu de vous attacher à des systèmes de croyances produisant l'effet malsain inverse. *Oui*, dites-vous à présent, *beaucoup de gens obtiennent ce qu'ils souhaitent, quand ils le souhaitent, et ce sont des personnes qui ne se préoccupent pas des régimes, qui ne montent pas sur la balance chaque jour de façon obsessionnelle, et qui, non seulement pèsent un poids normal, mais sont à l'aise dans leur peau. Je vais penser comme eux pendant un certain temps et voir si cela fonctionne.*

Quand vous vous lancez dans cette idée radicalement nouvelle, devinez ce qui se produit : vous commencez à modifier pour de bon vos habitudes alimentaires. Pourquoi ? Parce qu'avaler de plus petites portions d'aliments sains procure une sensation de bien-être, et que cette sensation est l'essence même de votre désir du dixième barreau de l'échelle.

Mais vous devez commencer par une pensée agréable : *Tout ce que je mange me convient. Je vais donner l'ordre à mon cerveau et à la chimie de mon corps de transformer tout ce que je mange en santé.* Vous devez analyser un nouveau cycle complet de réflexions, et cette nouvelle façon de penser avec passion à quelque chose qui n'existe pas encore s'applique également au fait d'être en forme physiquement.

Remettez d'aplomb votre raisonnement bancal

Qu'estimez-vous donc nécessaire de faire pour être en forme physiquement et en bonne santé ? Doit-on s'astreindre à des souffrances quotidiennes et à une routine rigoureuse d'exercices physiques pour être bien dans son corps ? Si vous cherchez à mener une vie plus équilibrée, interrogez-vous sur ces croyances qui sont monnaie courante. Vous souhaitez avoir un corps splendide, dans lequel vous vous sentez merveilleusement bien – tel est votre désir du dernier barreau.

Quel genre de pensées nourrissez-vous donc pour concrétiser ce désir ? Bien trop souvent, elles se résument à : *Je ne suis pas une personne active. Tout l'exercice que je fais ne sert à rien, je n'arrive pas à me débarrasser de mon poids superflu et à être en forme. Je déteste courir et transpirer. Je ne suis pas fait pour être un athlète.* Ces croyances, comme beaucoup d'autres du même acabit, vous clouent au bas de l'échelle. De plus, elles contribuent largement à la généralisation de l'obésité et des maladies liées au mode de vie.

À partir du moment où vous modifiez vos pensées et vos croyances à propos de ce qui relève du possible pour vous, vous changez tout, à commencer par votre physiologie. Il vous faut croire avec ferveur que vous êtes un spécimen de santé parfaite, en créant une image de vous-même au pic de votre forme, physique et mentale. Si vous emportez cette image partout et si vous croyez en sa réalité, vos pensées en seront totalement modifiées !

Votre dialogue intérieur ressemblera désormais davantage à ceci : *Je me dirige vers la santé parfaite. Ma personne et mon comportement ne m'inspirent aucune honte ni aucune culpabilité. Si je choisis de ne pas faire d'exercice physique, cela ne m'empêchera pas d'être beau, en bonne santé et coquet. J'aime mon corps. Je vais prendre grand soin de lui, parce qu'il abrite l'être sacré que je suis.* Quand vous entamerez ce nouveau rituel qui consiste à modifier le regard que vous portez sur votre corps, celui-ci changera.

Vous baignez dans une culture qui met l'accent sur les sensations que devrait vous inspirer votre corps, fondée sur des entreprises mercantiles destinées à réaliser des bénéfices sur votre insatisfaction. Ce boniment publicitaire peut se résumer ainsi : si vous ne ressemblez pas à un top model, vous devez en éprouver des remords. C'est la porte ouverte aux troubles de l'alimentation, à l'obésité, à l'affaiblissement des constitutions physiques. Quand vous adhérez à ce type de lavage de cerveau collectif, vous vous préparez à instaurer un énorme déséquilibre entre votre désir d'avoir un corps sain dans lequel vous vous sentirez bien et des comportements quotidiens d'autodestruction, qui déboucheront sur des problèmes de santé, de l'épuisement et une piètre forme physique.

N'oubliez pas que vous devenez vos pensées. Pourquoi vous imaginer sous un jour qui fragilise votre santé ? À quoi bon regarder votre corps dans son état présent de délabrement et prendre à votre compte un ensemble de croyances qui ne pourront qu'aggraver cette situation ?

Je vous propose une option totalement nouvelle. Croyez passionnément en ce qui n'existe pas encore, et souvenez-vous que Kazantzakis a dit : « Ce qui n'existe pas est ce que nous n'avons pas assez désiré. » Il vous est possible d'adopter un système de croyances aux assises tellement solides qu'il ne pourra être remis en question par personne ni par aucune pression sociale. Pas plus que ne pourront être remis en question l'amour que vous vous portez et le respect que vous vouez au temple sacré qu'est votre corps. Vous éprouverez alors pour de bon les sensations inspirées par le fait de croire passionnément en quelque chose qui n'existe pas encore. Ce nouveau système de croyances constituera le point d'équilibre qui vous permettra d'entretenir une relation amicale, affectueuse et saine avec votre corps, et de modifier tout comportement d'autosabotage.

Agissez sur votre nouvelle croyance passionnée en une chose qui n'existe pas encore

Votre comportement est fonction de vos croyances. Lorsque vous êtes capable de vous voir comme une création divine émanant d'une source d'amour pur inconditionnel, sans éprouver la moindre honte ni vous répudier le moins du monde, votre corps ne peut que trouver cela agréable. Quoi que vous décidiez de manger, il vous rendra la monnaie de votre pièce si vous pensez : *J'ai l'intention de transformer cette nourriture en énergie qui donnera de la force et de la vigueur à mon corps.* Dès que vous vous débarrassez des vieilles croyances génératrices d'angoisse, de culpabilité, de soucis et même de crainte, votre cerveau commence à produire des substances chimiques qui vous permettront de retrouver un équilibre et de développer un corps sain.

Oui, j'affirme qu'en reprogrammant votre raisonnement, de manière à faire coïncider vos pensées avec votre désir d'être et de vous sentir en bonne santé, vous pouvez modifier, et vous modifierez pour de bon les comportements malsains à la source de la mauvaise santé et du déséquilibre. C'est une loi. William James, le père de la psychologie moderne, l'a exprimé de la façon suivante : « En psychologie, il existe une loi selon laquelle, si vous formez mentalement une image de ce que vous souhaitez être, et si vous la conservez assez longtemps dans votre esprit, vous aurez vite fait de devenir exactement tel que vous vous êtes imaginé. »

Telle est la puissance redoutable de nos pensées. Mais j'énonce aussi une théorie qui va au-delà de l'idée que votre corps réagit de lui-même au mode de pensée que vous avez reprogrammé. Une autre réaction automatique se déclenche quand vous tentez d'appliquer à votre corps des attentes stéréotypées qui ne vous conviennent pas : vos comportements cherchent spontanément à s'équilibrer avec vos véritables désirs.

Ce phénomène se produira peut-être graduellement, mais il surviendra bel et bien : vous n'aurez plus de vous-même l'image d'une personne vivant dans la crainte ou complètement obsédée par son apparence. En prenant conscience que vous vous acceptez, vous éprouverez le vif désir de traiter votre corps avec respect. Vous modifierez vos habitudes alimentaires sans avoir pris consciemment la décision de changer quoi que ce soit. Vous cesserez de compter les calories, et vous vous contenterez d'apprécier le contenu de votre assiette, sachant que vous pouvez vous fier à la sagesse spirituelle innée programmée dans votre ADN, à votre lien avec la source qui a créé le bébé que vous avez jadis été.

En faisant confiance à vos pensées pour être en bonne santé, vous avez trouvé un meilleur moyen d'équilibrer votre vie. Vous êtes capable de vous détendre et d'apprécier le voyage. En permettant de votre plein gré à l'Esprit de peser dans l'énergie de vos pensées, vous avez fait pencher la balance en faveur de vos désirs. Votre ego, qui s'identifie à votre corps, a été relégué. L'Esprit ne connaît pas l'excès de gras, l'indigestion, les tenaillements de la faim ni la boulimie, et c'est à son niveau que vous avez décidé de vous tenir désormais.

Vous choisissez des pensées qui sont en harmonie avec votre Esprit originel, décision qui ôte toute place à la maladie. Comme vous êtes davantage en paix avec vos pensées, que vous croyez que tous vos actes peuvent être transformés en réaction saine, vous adoptez la même réponse automatique à l'égard de l'exercice et de votre bien-être physique. Le processus de représentation intérieure que vous venez de rééquilibrer illustre l'affirmation de William James.

Je suis un être humain en bonne santé et en forme. Pensez-le ! Dites-le ! Faites-en votre credo ! Même si vous aviez auparavant de vous l'image d'une personne trop grosse et mal en point, dites-le quand même. Vous entamez le processus consistant à croire passionnément en une chose qui n'existe pas encore. Si vous l'affirmez, si vous en faites votre réalité intérieure, vous déclenchez une nouvelle réaction automatique, située sur la même longueur d'onde que le désir que vous exprimez. Très vite, vous allez peut-être vous retrouver en train de vous balader, ou de vous livrer à une activité qui n'entrait jusqu'ici absolument pas dans l'équilibre de votre vie : du jogging, du yoga, du fitness, qui sait ? Tout cela se produira sans effort de votre part, parce que vos croyances vous feront agir.

Le déséquilibre entre votre désir d'avoir un corps sain dans lequel vous vous sentez bien et la persistance d'habitudes malsaines ne se résout pas uniquement par la modification de ces dernières. Vous devez être fermement décidé à apprendre l'art de croire avec passion en quelque chose qui n'existe pas encore, et refuser de laisser quiconque, à commencer par vous, déformer cette image. De fait, vous n'êtes ni ce que vous mangez, ni la somme d'exercices physiques que vous effectuez, mais plutôt ce que vous croyez au sujet de l'être auquel vous donnez actuellement naissance dans vos pensées.

Rappelez-vous-le sans cesse : *Ce à quoi je pense, je l'obtiens, que je le veuille ou non.*

VI

Vous ne pouvez pas découvrir
la lumière en analysant les ténèbres

Retrouver l'équilibre entre votre désir
de prospérité et vos habitudes de pénurie

« Dieu souhaite que nous ayons tout.
En exprimant la vie, nous incarnons
la loi d'abondance divine, mais uniquement
dans la mesure où nous nous rendons compte
qu'il y en a assez pour tout le monde...
dans la mesure où nous savons
que tous les dons de Dieu sont distribués
aussi librement et gratuitement
que l'air et la lumière du soleil... »

Ernest HOLMES

« Tout homme est libre de s'élever aussi haut
qu'il le peut ou qu'il le désire, mais seul le niveau
de sa pensée déterminera celui auquel il s'élèvera. »

Ayn RAND

Si vous deviez chercher la lumière, vous vous écarteriez de toute évidence d'une chose : les ténèbres. Vous seriez persuadé que passer votre temps à analyser des lieux obscurs et à errer aveuglément dans le noir ne serait ni le moyen de découvrir la lumière ni d'en faire l'expérience. Remplacez à présent les mots *lumière* et *ténèbres* par *abondance* et *pénurie*, et effectuez le même raisonnement. Vous ne pouvez pas trouver l'abondance si vous l'analysez en étant obsédé par la pénurie. Cependant, c'est souvent pour cela que se manifeste une disparité entre votre désir de prospérité et le fait qu'elle soit absente de votre vie.

Relisez la citation d'Ernest Holmes, en ouverture de ce chapitre : « En exprimant la vie, nous incarnons la loi d'abondance divine… » Considérez qu'il s'agit d'un diktat divin auquel vous êtes lié, d'une *loi*. Saint Paul lui-même a déclaré : « Dieu est capable de vous fournir toutes les bénédictions en abondance. » J'en conclus que la prospérité est une chose disponible en permanence, car elle illustre la source dont nous sommes issus. Si nous venons d'une abondance illimitée, nous devons par conséquent être ce dont nous venons.

La pénurie n'est pas un problème lié à votre lieu de naissance, aux choses accumulées par vos parents ou votre situation économique. Ce qu'on appelle pénurie émane simplement du fait que vous avez fait pencher vos croyances loin de votre lien originel avec l'abondance illimitée et commencé à vivre dans la pénurie et à l'analyser : l'équivalent des ténèbres auxquelles je fais référence ci-dessus. Je préconise que vous vous consacriez plutôt à l'analyse de la lumière de la prospérité et que vous corrigiez le déséquilibre entre vos désirs et votre mode de vie.

Comment appliquer la loi d'abondance divine

Pour pouvoir exprimer la vie et recevoir le cadeau divin d'abondance, vous devez prendre conscience des moments où vous nourrissez des pensées et adoptez des comportements en déséquilibre avec vos désirs. J'ai déjà évoqué à plusieurs reprises ce à quoi se résume votre position équilibrée : *Vous devenez ce que vous pensez toute la journée.*

Voici une liste de situations où vous êtes typiquement en rupture d'équilibre et d'harmonie :

• la rumination des choses dont vous manquez dans la vie ;

• les conversations qui tournent autour de ce dont vous manquez ;

• l'habitude de vous plaindre, auprès de qui veut bien vous écouter, de toutes les raisons qui vous ont empêché d'avoir plus ;

• la culture d'une image intérieure vous représentant comme une personne qui n'a tout simplement pas de chance.

Ces modes de pensée et de vie créent un courant d'énergie qui attire ce que vous activez dans votre vie. Si vous pensez pénurie, vous créerez la pénurie. Si vous parlez aux autres de vos manques, vous ne ferez qu'attirer davantage de manque. Si vous analysez vos insuffisances, vous ne ferez que les multiplier.

J'ai bien conscience qu'il s'agit d'un raisonnement en apparence simpliste, du genre : *Contentez-vous de changer votre mode de pensée et l'argent se déversera sur vous comme la pluie !* Avant de le rejeter, considérez cependant qu'une existence déséquilibrée exige que vous preniez conscience des barrières et de la résistance que vous avez érigées, dans un monde où Dieu est à votre disposition pour répandre sur vous toutes ses bénédictions en abondance.

Supprimer votre résistance

Votre désir d'attirer la prospérité représente une exigence hautement spirituelle. Il est parfaitement en accord avec la loi de l'abondance dont vous êtes issu. Vos déséquilibres sont des énergies, sous la forme de pensées, dont vous croyez, à tort, qu'elles vous apporteront la prospérité que vous désirez.

Je vais analyser sept des pensées les plus courantes qui rendent pratiquement impossible la manifestation de la prospérité. Je les qualifie de *sept infortunées*, parce que chacune d'entre elles vous garantit pratiquement de rester coincé dans la pénurie, comme le décrit Ayn Rand dans la citation en exergue à ce chapitre. La création d'une vie de prospérité dépend avant tout du *niveau de votre pensée*.

Voici donc les sept schémas de pensée qui vous maintiennent en état de déséquilibre :

1. Ce n'est pas la volonté de Dieu

Quand vous reprochez à Dieu de ne pas avoir ce dont vous avez besoin ou ce que vous désirez, vous avancez une excuse toute faite pour accepter votre lot ici-bas. En vérité, comme nous le rappelle saint Paul, Dieu est plus que prêt à répandre sur vous la bénédiction de l'abondance. En fait, Dieu *est* abondance pure, alors que c'est *vous* qui êtes en déséquilibre sur l'échelle de l'abondance. En attribuant la responsabilité de vos manques à la volonté divine, vous créez, énergiquement parlant, une énorme résistance. Vous demandez à l'univers de vous envoyer de plus grandes quantités de ce en quoi vous croyez.

Pour supprimer cet obstacle, la solution (applicable aux sept autres énergies résistantes) consiste à modifier votre croyance. Dans *Voyage à Ixtlan*, Carlos Castaneda écrit : « Si j'avais vraiment la sensation que mon esprit est déformé, je me contenterais de le réparer – de le purger, de le rendre parfait –, car aucune tâche n'en vaut plus la peine dans toute notre vie[1]. »

Comment faites-vous pour le « réparer », le « purger » et le « rendre parfait » ? En commençant par vous prendre en flagrant délit de pensées fallacieuses, que vous remplacerez par d'autres, du style : *Je suis une création de Dieu. Dieu est abondance. Je dois être ce dont je viens. Être comme ce dont je viens signifie que Dieu souhaite que je jouisse de toute la prospérité possible. À partir de maintenant, c'est comme cela que j'exprimerai la vie.* Si nécessaire, imprimez ces réflexions et imprégnez-vous-en, jusqu'au moment où elles se seront transformées en pense-bête parfaitement sensé. Dieu n'est pas responsable de votre manque. Vous avez le choix. Par conséquent vous choisissez, soit de vous rebrancher sur l'abondance, soit de demeurer en déséquilibre, parce que vous croyez qu'il s'agit d'un plan divin ourdi contre vous.

---

1. Carlos Castaneda, *Voyage à Ixtlan*, Gallimard, 1974.

2. Il existe une réserve limitée

Cette pensée représente une énorme résistance à la restauration de l'équilibre de la balance prospérité/pénurie. Des pensées telles que : *La richesse ne circule qu'en quantité limitée* et *Tout le monde ne peut pas être riche ; nous avons besoin de pauvres pour maintenir un équilibre dans le monde, par conséquent j'imagine que je fais tout simplement partie de ces gens pauvres*, vous limitent toutes de façon identique et ne vont pas attirer la prospérité dans votre vie. En fait, elles rendront cet objectif totalement inatteignable.

Une fois de plus, la solution pour supprimer ce type de résistance consiste à la purger, et à remplacer ces pensées par de nouvelles énergies mieux harmonisées avec la vérité du monde dans lequel vous vivez. Essayez d'établir un parallèle entre l'argent et l'océan : il en existe une réserve infinie, plus que suffisante pour répondre à vos besoins. Quel que soit le montant que vous vous attribuez, la réserve d'argent en circulation sur le globe ne sera pas diminuée. Pourquoi ? Parce qu'en dernier lieu l'argent, comme l'eau de l'océan, doit revenir à sa source. Il continue simplement de circuler comme l'énergie. Écopez des millions de litres d'eau de la mer, vous ne la viderez pas.

3. Je ne le mérite pas

Voici une règle générale, toute simple : si vous ne croyez pas mériter que la prospérité coule à flots dans votre vie, vous attirerez exactement *ce que* vous croyez, à savoir bien évidemment un afflux de pénurie et de manque. Si vous pensez que le fait d'attirer de l'argent dans votre vie instaure une espèce de décalage avec une conscience spirituelle, vous érigez des barrières de résistance qui empêchent ce courant de passer.

Si vous souhaitez mener une existence prospère mais que c'est le contraire qui se produit, vos énergies sont de toute évidence déséquilibrantes. Votre désir est spirituellement élevé, mais vous lui offrez votre sentiment d'indignité. L'univers étant ce qu'il est, il vous renvoie l'équivalent de votre impression négative. Pour modifier cette idée et vous rééquilibrer sur cette échelle, vous avez besoin de replacer votre désir en phase avec l'énergie de votre raisonnement.

Vous devez sans cesse vous rappeler que vous êtes une parcelle de divinité. Vous sentir indigne de l'abondance divine revient à nier votre essence spirituelle, et à insulter par la même occasion votre créateur. N'oubliez pas que vous êtes venu ici pour être exactement à l'image de Dieu, mais que vous avez rompu avec cette idée le jour où vous avez cru que vous étiez plus coupé de votre source que vous ne lui étiez uni.

Commencez à modifier cette attitude négative en cultivant l'affirmation intérieure suivante, jusqu'à ce qu'elle devienne une seconde nature : *Je suis un morceau de Dieu, une expression divine, individuelle, de Dieu. Je suis digne de tout ce qu'est Dieu et de tout ce qui coule dans ma vie, et je le mérite. L'abondance que je souhaite va se concrétiser, et je ferai tout mon possible pour éviter de bloquer ce courant inspiré par Dieu et d'y résister.*

4. J'ai des capacités et des dons limités

Si vous vous obstinez à croire que vous ne possédez ni la capacité ni le talent d'attirer l'abondance, vous avez lesté le plateau de votre balance d'une réserve de pénurie suffisante pour une vie entière. Il s'agit là d'un symptôme de résistance énorme, qui vous tient lieu d'excuse à propos du fait que vous n'êtes pas en équilibre au niveau de la prospérité. Relisez l'observation d'Ayn Rand. Elle ne dit pas : « C'est le degré du talent qui détermine le niveau auquel s'élève la personne », mais affirme avec emphase que « son niveau de pensée est le facteur déterminant ».

Votre vision intérieure coupera à chaque fois votre talent inné. En fait, si vous avez la conviction que le savoir-faire ou les capacités dont vous avez besoin sont déjà à votre portée, vous êtes sur le bon chemin. Le premier pas, le plus important aussi, consiste à vous débarrasser de toutes les excuses que vous invoquez au sujet de votre manque de capacités. Il est ensuite capital de créer une image intérieure de vous-même menant déjà une vie prospère, même si cette situation ne s'est pas encore concrétisée. Cela s'appelle *penser à rebours*. Vous vous retrouvez dans l'obligation d'entamer un programme d'action en accord avec votre image intérieure.

Nous voici parvenus à la partie essentielle : *Vous devez devenir l'abondance* que vous souhaitez. Tout à fait ! Vous devez *être* cette abondance, au lieu de la chercher à l'extérieur de vous. Les trois étapes suivantes vous aideront à éliminer l'idée que c'est par manque de talent que vous en êtes là :

- bannir l'excuse du manque de talent ;
- créer une image intérieure qui attire la prospérité ;
- agir *comme si*, en *étant* ce que vous désirez.

Vous possédez autant de talent que *vous avez décidé* d'en avoir jusqu'à aujourd'hui... Modifiez cette image... et, miracle des miracles, vous changerez aussi votre talent.

On m'a souvent dit, quand j'étais petit garçon et même étudiant, que je ne possédais pas le talent nécessaire pour devenir écrivain ou conférencier. Ce n'est que le jour où j'ai décidé de suivre mes propres idées que mes talents ont commencé à être reconnus. Pourquoi ? Parce que plus je menais une vie fondée sur le point d'équilibre représentant ce que j'estimais être juste pour moi, plus j'acquérais de pratique et plus j'étais en accord avec l'univers. Cet accord me permettait d'attirer et de reconnaître toutes les occasions et les conseils qui se présentaient sur mon chemin. Si j'avais écouté ceux qui prétendaient en savoir plus que moi sur mes talents, j'aurais attiré exactement ce en quoi je croyais : une absence de capacité.

5. Je n'ai jamais eu de chance

L'univers dans lequel vous vivez et qui vit en vous fonctionne sur l'énergie et uniquement sur elle. « Rien ne se produit tant que quelque chose ne bouge pas », disait Albert Einstein. Tout est vibration, y compris ce qui semble immobile. Votre univers fonctionne à partir de la loi de l'attraction, ce qui signifie que l'énergie se met à l'unisson d'une énergie identique. Vos pensées sont des vibrations d'énergie. Les pensées inférieures – celles qui sont déséquilibrées par rapport à la source d'énergie – attirent des réactions de faible énergie de la part de l'univers. Les pensées élevées, fondées sur le spirituel, déclenchent des vibrations du même ordre qui concrétisent vos désirs, en accord avec votre source. Cela étant dit, la chance n'a pas sa place dans l'univers.

Si vous êtes victime d'un accident, vous n'êtes ni malchanceux ni fautif. Vous êtes juste en accord, sur le plan des vibrations, avec la chose que vous avez heurtée à cet instant précis. À partir du moment où vous envisagez votre monde sous cet angle, vous êtes en mesure d'élargir le champ des choses sur lesquelles vous choisissez de vous accorder. Lorsque vous remplacez les plus faibles énergies vibratoires de vos pensées par des vibrations plus rapides, vous mettez en marche une énergie qui cherche à être en harmonie avec vos désirs supérieurs. Même si votre esprit rationnel trouve cela invraisemblable, je vous presse de commencer à voir les choses du point de vue des vibrations, et non de l'intérieur d'un cadre qui oppose la chance à la malchance.

Je vous recommande donc d'adopter le système de croyances suivant : vous avez exactement attiré dans votre vie ce sur quoi vous avez choisi de vous aligner. Si vous avez l'impression d'être malchanceux, renversez vos attentes. Faites tout votre possible pour demeurer en équilibre avec vos vrais désirs plutôt qu'avec ce que vous avez attiré. La chance cessera d'entrer en ligne de compte.

6. Ça a toujours été comme ça

Lorsque vous vous servez de votre histoire personnelle pour justifier votre déséquilibre actuel sur l'échelle de l'abondance, votre position se résume à dire : *Cela fait longtemps que j'attire la pénurie dans ma vie, et j'ai l'intention de continuer à le faire.* L'idée que le passé est responsable du fait que vous continuez à manquer est une source de résistance essentielle. On vous a probablement enseigné que si vous ne preniez pas garde à vos erreurs passées vous ne feriez que les répéter. Voici mon opinion en la matière : *Si vous persistez à penser à vos erreurs passées, vous pouvez avoir la garantie qu'elles se réitéreront !*

Vous avez intérêt à jeter aux orties toute référence aux déficiences qui ont pu affleurer au cours de votre vie. Refusez de penser à ce qui n'a pas réussi à se concrétiser, sauf si vous désirez que cela continue. Évitez d'évoquer les aspects ternes de votre passé. Ne vous identifiez pas à quelqu'un dont l'enfance et le début de la vie adulte ont été caractérisés par le manque et la pauvreté. Considérez au contraire l'ensemble de votre vie comme une série d'étapes que vous deviez absolument franchir pour parvenir à la prise de conscience actuelle de votre potentiel illimité d'abondance.

Soyez reconnaissant à l'égard de tout ce qui ne s'est pas concrétisé. Puis changez de cap : passez de la résistance à la manifestation de vos désirs, et rééquilibrez votre raisonnement, de manière à le faire coïncider avec ces désirs. Affirmez : *J'ai l'intention d'avoir des pensées qui vibrent en parfaite harmonie avec mon désir de connaître l'abondance dans tous les domaines de ma vie. Je libère toutes les pensées qui me focalisent, et placent par conséquent ma force d'attraction sur ce qui a ou n'a pas été.* Je viens de vous donner la clé pour retrouver l'équilibre.

7. J'ignore comment « *penser abondance* » pour moi-même

Lorsque vous êtes convaincu que la conscience de la prospérité ressemble à une langue étrangère, vous avez, une fois de plus, choisi de *résister* au lieu de *permettre*. Vous pensez peut-être que vous n'êtes pas capable d'adopter les modes de pensée que j'ai élaborés dans ce chapitre, mais je vous assure que vous l'êtes – et sans le moindre problème ! Vous, les Gates, les Rockefeller et les Kennedy émanez tous de la même source d'abondance illimitée. Elle est vous, et vous êtes elle. Si vous vous estimez incapable de raisonner de la sorte, c'est uniquement parce que vous vous êtes permis de croire que vous étiez coupé de votre source. Vous êtes capable de *penser abondance*, même si vous ne l'avez encore jamais fait.

Vous pouvez dès à présent commencer à faire en sorte que seules les pensées prospères vivent dans votre conscience. Remplacez : *Je ne sais même pas comment on fait pour penser comme ça* par *Je suis abondance, j'attire la prospérité, je suis en harmonie avec ce désir, et ce sera mon unique mode de pensée.* C'est comme cela que l'on crée de nouvelles habitudes. Faites-en votre réalité, une pensée après l'autre.

Pour paraphraser Ernest Holmes, tout cela additionné revient à exprimer dans votre vie la loi d'abondance divine. Votre existence est un cadeau offert par une source de bien-être florissante et abondante. Être équilibré signifie que vous exprimez la vie en faisant rayonner cette conscience à travers vos pensées. Résultat : vos attentes soutiennent une vie qui s'équilibre.

Ce message du grand poète soufi Rumi vous encourage à entamer chaque journée en émettant des vibrations élevées qui disent que vous êtes prêt à recevoir des messages de votre source :

À l'aube, la brise a des secrets à vous dire,
Ne vous rendormez pas.

À l'aube de chaque nouvelle journée, je me remémore cette phrase et cette brise me révèle des secrets. Vous avez droit à toutes les bénédictions de Dieu. Être équilibré est l'un des secrets. Essayez-le, et quoi que vous fassiez, ne vous rendormez pas !

VII

Vous ne faites qu'augmenter l'emprise
d'un état négatif quand vous le combattez

Retrouver l'équilibre entre votre désir
de vivre dans un monde pacifique
et les messages sur le mal
dont vous ne cessez d'être bombardé

« Voir et écouter les méchants,
c'est déjà le début de la méchanceté. »

Confucius

« Le bien que vous possédez, quel qu'il soit,
provient de Dieu. Le mal, quel qu'il soit, vient de vous. »

Le Coran

Au quotidien, nous entendons de toutes parts que notre monde est sens dessus dessous, que le mal règne, que les guerres et le terrorisme sont inéluctables. Les êtres humains semblent décidés à s'entretuer par des moyens de plus en plus violents, et l'on recrute de jeunes enfants pour les transformer en auteurs d'attentats suicides au nom de Dieu. La radio, la télévision, les canaux d'informations en ligne diffusent une cascade interminable de nouvelles à propos de l'inhumanité de l'homme envers son prochain, de membres d'une famille devenus fous furieux, d'adolescents commettant des meurtres en série dans leur école, de cellules terroristes qui ébranlent partout, des gares ferroviaires aux lieux de culte, la conscience de l'univers.

Je pourrais continuer à vous décrire comment les médias ne cessent de nous bombarder, mais je vais arrêter, car cela me conduirait à violer le principe central de ce chapitre. Mon point de vue est que *nous avons l'impression* de vivre dans un monde dont l'harmonie est absente, où nos désirs de sérénité sont contrecarrés par des myriades d'informations allant à l'encontre de la paix – et qui font quotidiennement la une des journaux. Mais en fait, nous avons le choix. Nous pouvons décider de replacer nos énergies au niveau de notre désir de vivre pacifiquement sur terre, indépendamment des événements qui se produisent autour de nous, et en dépit de l'énergie antipacifique à laquelle nous sommes souvent soumis.

Nous pouvons commencer par décider de rester intérieurement sereins, même quand d'autres mettent en avant la peur, la colère et la haine sur l'ensemble de notre planète violente. N'oublions pas que tout au long de l'histoire de l'humanité, un effort collectif massif – de la part de ceux qui détiennent le pouvoir – a été accompli pour indiquer aux individus qui ils devaient craindre et, pire encore, haïr. Si nous avions vécu dans l'Amérique des années 1750, on nous aurait déclaré qu'il était de notre devoir de patriotes de haïr les Français ainsi que les Indiens d'Amérique. Un quart de siècle plus tard, on nous aurait dit que nous pouvions cesser de haïr les Français, mais que nous devions haïr les

Anglais. Faisons un bond de quatre-vingt-sept années dans le temps. On nous aurait alors donné pour instruction, si nous vivions dans le Sud, de haïr les Nordistes, auxquels aurait été demandé, de leur côté, de haïr les Sudistes, même instruction englobant ceux qui étaient liés les uns aux autres par le sang (au passage, il n'était plus à l'époque obligatoire de haïr les Britanniques).

· Avançons à présent de trente-quatre ans. Il n'était pas nécessaire de haïr les Espagnols et, par ailleurs, il redevenait acceptable d'aimer ceux qui, dans notre pays, ne vivaient pas sous la même latitude que nous. Vingt ans après, il était très bien vu d'aimer les Espagnols, mais obligatoire de haïr les Allemands. Quelques dizaines d'années plus tard, les Japonais allaient être ajoutés à notre liste de haine obligatoire. Puis il devint normal de cesser de haïr les Allemands et les Japonais, mais, au bout de quelques années, il fallut haïr les communistes, qu'ils vivent en Russie, en Corée du Nord ou au Viêtnam.

En d'autres termes, la liste de gens inscrits sur notre inventaire de la haine ne cesse d'être modifiée dans un sens ou dans l'autre. Pendant longtemps, on nous a demandé de haïr les Russes, puis les Iraniens ; libre à nous à l'époque d'aimer les Irakiens, mais cela n'a pas duré. La liste de la haine a été alors inversée : il fallait à présent haïr les Irakiens précédemment aimés, tout en ayant la permission d'aimer tranquillement les Iraniens qu'on nous avait demandé de haïr, à peine dix ans plus tôt. Sont apparus ensuite les talibans, et des catégories encore plus obscures, comme des terroristes qu'on nous demandait auparavant d'aimer, et des insurgés, quels qu'ils soient aujourd'hui, qui sont devenus des cibles obligatoires de notre haine.

Cette litanie de la haine se poursuit à l'infini ! Les visages changent, mais le message demeure : on nous donne l'ordre de haïr des gens précis, sans reconnaître un seul instant que l'ennemi que nous sommes censés haïr n'est pas une nationalité : *l'ennemi, c'est la haine en soi !*

Barrez votre nom de toutes les listes de haine

Arthur Egendorf, dans *Healing from the War* (littéralement : Guérir de la guerre), donne des conseils qui s'accordent aux efforts que nous faisons pour rééquilibrer notre vie et vivre en paix :

« C'est seulement ensemble que nous créerons une culture qui remplacera les cycles de bataille et de retraite – non pas par le biais de notre peur de la guerre, mais en maîtrisant un mode de vie supérieur.

« La graine de cette culture, c'est la détermination intérieure d'individus, puis de petits groupes et de communautés, à consacrer leur vie à la plus grande vision de tous les temps : non pas attendre qu'un sauveur vienne un jour nous délivrer ; non pas attendre un gouvernement qui instituera des lois véritablement justes ; non pas attendre une révolution qui redressera les maux d'un monde cruel ; et non pas se lancer dans une croisade destinée à vaincre une source maléfique lointaine qui nous dépasse. Chacun d'entre nous, à titre individuel et avec tous les autres, a la responsabilité de créer la joie à travers le déroulement de sa vie, ici et maintenant. Une fois que cet objectif passera au premier plan, nous pourrons nous tourner vers le travail interminable qui consiste à apporter le bien-être aux autres, la justice et l'intégrité à notre gouvernement, et à instituer des programmes constructifs pour changer les choses, ici et ailleurs. Inspirés de la sorte, nous n'avons pas à attendre l'issue finale avant d'être nourris. Il n'existe pas de plus beau moyen de vivre ou de mourir. »

Les mots qui me parlent le plus, dans cette déclaration avisée, sont les suivants : « Chacun d'entre nous, à titre individuel et avec tous les autres, a la responsabilité de créer la joie à travers le déroulement de sa vie, ici et maintenant. » Je préconise que la première chose que vous puissiez faire seul pour créer la joie est de supprimer la haine de votre conscience. Cela peut vous surprendre, mais imprégnez-vous de ce conseil. Ceux qui détestent la guerre en sont tout autant responsables que ceux qui détestent leurs ennemis désignés et qui se battent pour les tuer. Ceux qui haïssent le crime font partie du problème de la criminalité. Ceux qui haïssent le cancer en font un ennemi et deviennent partie intégrante du problème du cancer.

Encore une fois, le secret pour rééquilibrer votre vie ne consiste pas à changer nécessairement votre comportement, mais à vous réaligner et à créer *une culture qui remplace les cycles de bataille et de retraite*. Chaque fois que nous avons recours à la force pour résoudre nos différends, nous créons sur-le-champ une contre-force. C'est la raison principale des cycles interminables de guerre qui ont caractérisé l'histoire de l'homme. Force, contre-force, nouvelle force, et les batailles se poursuivent, génération après génération. Cela est également vrai à l'intérieur de vous : une pensée de haine crée une pensée de revanche, puis d'autres pensées haineuses par réaction. Le véritable problème réside dans le fait que ces pensées de haine et de revanche se mettent à définir votre existence. Elles deviennent votre point d'attraction.

Votre désir initial de vivre en paix, dans un monde qui a sombré dans la démence, à en croire les médias, est un désir équilibré, spirituellement parlant. Pour concrétiser ce désir, vous devez émettre des pensées en accord avec son énergie. Des pensées haineuses ne donneront pas naissance à la sérénité que vous recherchez, pour la raison que je ne cesse de répéter depuis le début de cet ouvrage : *Vous attirez toujours plus de ce que vous désirez éradiquer.*

Rompez le cycle

Vous pouvez vous détacher des pensées de haine, en dépit des informations véhiculées par des médias motivés par l'appât du gain. Plus vous adhérez à la haine, plus ceux qui vendent ce message récoltent de profits. Mais vous pouvez décider de devenir un instrument de joie. Comment un instrument de joie réagit-il à la cacophonie de nouvelles dérangeantes ? Si vous êtes équilibré, vous serez plus susceptible d'atteindre le lieu d'amour et de paix que vous êtes. Rappelez-vous votre mission et affirmez votre désir d'être équilibré et en paix, en déclarant que, même si des millions d'individus choisissent le camp de la haine, ce camp n'est pas le vôtre. Vous n'avez pas décidé de vous incarner dans un monde où tout le monde partage la même vision. Vos pensées deviennent : *Je suis une création divine ; j'ai choisi de demeurer uni à cette Divinité dans toutes mes pensées et tous mes actes.*

Quelle est votre réaction quand vous apprenez que des êtres humains ont été réduits en miettes par des terroristes, ou n'importe quel événement qui n'a absolument rien de pacifique ? Voici ce que, personnellement, je m'ordonne alors de penser et de dire : *Je veux me sentir bon (Dieu). Je ne me suis pas enrôlé pour faire la guerre ou pour avoir des pensées belliqueuses. Je suis un instrument de paix, et j'envoie des pensées de paix et d'amour aux personnes et aux lieux du monde qui en ont de toute apparence désespérément besoin. Je refuse de collaborer avec l'énergie de la haine, dans n'importe quel lieu et à n'importe quel moment.* À ce raisonnement pacifique s'opposent la colère, la haine et la peur. Une contre-force s'établit et vous vous retrouvez sur la même longueur d'onde que l'énergie haineuse.

Et si, en réponse aux kamikazes, nous soignions les blessés et pleurions les morts en nous abstenant de faire la publicité de ces drames dans les bulletins d'informations ? Et si personne ne faisait état des conséquences de ce genre de violence ? Aucune information dans les médias. Aucune séquence filmée. Et si nous choisissions de respecter la douleur des parents et des survivants, en ne commercialisant pas d'images de leur souffrance ? Et si nous adoptions ce mode de pensée quand est perpétré ce genre d'acte haineux ?

Les individus qui commettent ces abominations sont motivés par leurs propres pensées haineuses, alimentées par l'espoir que d'autres réagiront comme eux et que la haine ne cessera de se propager. Mais s'ils n'occupaient plus la première place dans les médias et si personne ne leur prêtait attention, leurs actes finiraient automatiquement par se faire plus rares. Vous, à titre personnel, pouvez faire partie de ceux qui refusent obstinément d'ajouter des pensées d'énergie inférieure à la haine dont vous êtes témoin. Ce faisant, vous contribuerez à faire disparaître la haine. Seul, vous pouvez répandre davantage de joie, en refusant fermement de nourrir la moindre pensée haineuse. Ce n'est pas en haïssant la violence que vous romprez le cycle de la violence dans le monde, mais en étant votre propre instrument de paix.

Choisissez de faire l'expérience de la paix en vous concentrant sur votre opinion

La citation du Coran qui ouvre ce chapitre déclare que *le bien que vous possédez, quel qu'il soit, provient entièrement de Dieu*. Et surtout : *Le mal, quel qu'il soit, vient de vous*. Ayant accédé à votre énergie supérieure, vous pouvez traiter les événements négatifs provoqués par les êtres humains en vous plaçant dans la perspective de la réalisation divine. Il n'y a pas de haine chez Dieu ; il n'y a que de l'amour. Vous pouvez connaître la paix en compensant tous les événements dramatiques autour de vous par la conscience de Dieu. Rien ne vous oblige à opposer une réaction mentale dénuée de spiritualité à un acte malveillant. Vous avez le choix de placer votre énergie mentale dans vos désirs et, par ce moyen, de créer un monde nouveau.

Laissez-moi vous dire comment je réagis à ce bombardement de messages focalisés sur les dysfonctionnements de ce monde. Pour commencer, je me rappelle qu'à chaque acte malveillant correspondent des millions d'actes de bonté. Je préfère croire que les êtres humains sont fondamentalement bons et, en me tenant à cette théorie, j'aide la conscience de Dieu à s'épanouir. Lorsque nous serons suffisamment nombreux à faire nôtre cette notion sacrée selon laquelle tout ce qui est bon en nous émane de Dieu, nous apprendrons à vivre collectivement dans cette conscience pacifique.

Deuxièmement, j'ai la conviction qu'aucune somme de haine contenue dans mon cœur n'apportera jamais la paix. La haine ne parviendra qu'à développer encore plus ces énergies destructrices créées par l'homme. Je choisis donc de me focaliser sur mes opinions, sur le fait que je me *sens bon* ou que je me sens *Dieu*. Je soutiens la paix, et non la guerre. Comme l'a remarqué un jour Albert Einstein : « Je ne suis pas seulement un pacifiste mais un pacifiste militant. Rien ne mettra un terme à la guerre, à moins que les êtres humains ne refusent de la faire. » En qualité de récipiendaire du prix Albert-Einstein de la faculté de médecine Albert-Einstein de l'université de Yeshiva, je me permettrais d'ajouter : « ... à moins que les gens refusent une fois pour toutes de nourrir des pensées belliqueuses. »

Dans *Un long chemin vers la liberté*, Nelson Mandela écrit : « Pour faire la paix avec un ennemi, on doit œuvrer en collaboration avec cet ennemi et il devient notre partenaire[1]. » Je sais que, comme enfants de Dieu, nous sommes tous partenaires. Je le pense sincèrement, et lorsque je vois des films qui nous dressent le tableau d'un monde chaotique parce que nous avons oublié cette relation, je décide de sentir encore en moi la présence divine et j'ai la certitude que nous finirons un jour par apprendre à vivre ainsi ensemble. Mais chacun d'entre nous doit commencer par refuser d'être un instrument de non-paix en pensée et, par conséquent, dans tous ses comportements.

Dans *Le Journal de Nuremberg* de Gustave Gilbert, on trouve la citation suivante du successeur désigné de Hitler, Hermann Goering : « Évidemment, les gens ne veulent pas la guerre... Mais après tout, ce sont les gouvernants d'un pays qui décident de sa politique et il est toujours facile d'entraîner les gens, que ce pays soit une démocratie, une dictature fasciste, un régime parlementaire ou communiste... Qu'il ait ou non voix au chapitre, le peuple peut toujours être amené à la botte des gouvernants. C'est facile. Il suffit de lui dire qu'il est attaqué ou de dénoncer le manque de patriotisme des pacifistes qui place leur pays en danger. Le fonctionnement est identique dans tous les pays. »

---

1. Nelson Mandela, *Un long chemin vers la liberté*, Fayard, 1997.

J'ai choisi de ne pas faire partie de ces gens que l'on entraîne. Je refuse d'être aux ordres d'un quelconque chef qui tentera de me convaincre que ma foi dans la paix me transforme en antipatriote. Un membre haut placé du Pentagone, auquel on demandait pour quelle raison l'armée américaine censurait des films sur la guerre du Golfe, a répondu : « Si l'on montrait ce genre de choses aux gens, il n'y aurait plus jamais de guerre. »

Eh bien, il s'agit de mon objectif... Vivre dans un monde où les pensées belliqueuses seront impossibles parce que nous dirigerons toute notre énergie mentale vers ce que nous désirons, plutôt que sur les objets de notre haine. Dwight Eisenhower, qui était aussi commandant en chef des Alliés pendant la Seconde Guerre mondiale, a déclaré un jour :

« Chaque fusil qui est fabriqué, chaque vaisseau de guerre qui est lancé, chaque fusée qui est tirée reviennent au bout du compte à voler ceux qui ont faim et qui n'ont rien à manger, ceux qui ont froid et qui n'ont rien pour se vêtir. Ce monde en armes ne se contente pas de dépenser de l'argent. Il dépense la sueur de ses ouvriers, le génie de ses savants, les espoirs de ses enfants. En aucun cas il ne s'agit d'un véritable mode de vie. »

Voici une incitation à retrouver notre équilibre et celui de notre monde. La paix exige des pensées héroïques et une conscience pure. Lorsque je me le remémore, je demeure à l'intérieur de mon désir personnel de vivre ma vie dans la réalisation de Dieu.

Troisièmement, quand je suis témoin du mal ou que j'en entends parler, je me dis : *Je ne me suis pas inscrit pour venir ici en tant que particule de haine. Si c'est manifestement le cas d'autres êtres, je n'oublierai pas de continuer à adhérer à ce sentiment de paix intérieure qui m'interpelle et j'envelopperai ceux qui croient en des attitudes maléfiques de la même énergie lumineuse.* Je refuse tout simplement d'entrer mentalement en guerre. Je choisis de devenir une balise de paix qui éclaire les lieux obscurs, privés de toute énergie lumineuse de ce genre.

Pour finir, au fur et à mesure que je continue de prendre connaissance des nouvelles sur la violence, je me rappelle, encore et toujours, que nous pouvons choisir la manière dont nous réagissons à tout cela. Je sais qu'en éprouvant de la haine en réaction à la haine je ne fais que contribuer à la présence de la haine dans le monde et que, par la même occasion, je me transporte en un lieu où la réalisation de Dieu est beaucoup moins forte. Comme nous le dit un proverbe chinois : « Si vous décidez de chercher vengeance, vous feriez mieux de creuser deux tombes. »

Je sais que nous avons le choix de placer notre énergie dans la manifestation de notre amour pour Dieu, en nous aimant les uns les autres. Et je sais que nous avons le choix de voir ce qui fonctionne bien dans le monde, plutôt que ce qui va mal. Lorsque ces flots de communiqués sur la violence et la haine me parviennent, je coupe le son ou j'éteins et je me souviens de ce qu'a dit un jour le dalaï-lama :

*La compassion et l'amour
ne sont pas de simples luxes.
En tant que sources de paix intérieure et extérieure,
Ils ont une importance fondamentale
dans la survie de notre espèce.*

Ces paroles précieuses définissent notre besoin de garder l'équilibre et de vivre dans un monde pacifique. Pour y parvenir, je les répète à l'infini. J'ai à présent la certitude d'être contraint de demeurer dans un état de paix et d'amour, non seulement pour maintenir mon propre équilibre, mais pour aider notre espèce à survivre. Il ne peut exister de plus grand appel.

VIII

L'amour, c'est ce qui reste quand on cesse peu à peu d'être amoureux

Retrouver l'équilibre entre votre désir d'amour et votre sentiment de ne pas être assez aimé

« Celui qui vient faire le bien frappe à la porte ;
celui qui aime trouve la porte ouverte. »

Rabindranath TAGORE

« Ceux qui sont en quête d'amour
ne font que manifester leur propre manque d'amour,
et les sans-amour ne trouvent jamais l'amour.
Ne le trouvent que ceux qui sont aimants,
et ils n'ont jamais à le chercher. »

D. H. LAWRENCE

L'amour fait partie de ce que nous désirons.
Pourquoi en irait-il autrement ? Plus nous recevons
d'amour, plus nous nous sentons aimés, et mieux
nous nous portons. Se sentir bon (ou Dieu), c'est se
sentir en équilibre et en parfaite harmonie avec
notre source d'existence. Il va par conséquent de soi
que l'un de nos souhaits les plus élevés et les plus
fervents consiste à devenir le réceptacle d'un flot
intarissable d'amour. Par quoi est créé ce déséquilibre profond entre notre désir et notre ressenti ? La

correction de ce déséquilibre ne manque pas d'ironie, comme le définit parfaitement la citation de D. H. Lawrence qui ouvre ce chapitre.

Le rétablissement de l'équilibre – je l'ai expliqué à propos de tous les déséquilibres importants que j'ai déjà évoqués – exige toujours un ajustement d'énergie. Et vous n'y parvenez pas en vous contentant d'apprendre par cœur des stratégies ou en adoptant de nouveaux comportements. Vous devez en revanche absolument savoir sur quelle longueur d'onde vous envoyez des vibrations à vos désirs. Dans le cas présent, vous désirez obtenir la dose d'amour qui vous permettra de vous sentir bien et équilibré. Vous n'y parviendrez pas en vous contentant de la demander ou en la cherchant à l'extérieur de vous-même.

La partie essentielle de la citation de D. H. Lawrence est : « Ne trouvent l'amour que ceux qui sont aimants, et ils n'ont jamais à le chercher. » Je reviendrai sur cette phrase significative plus loin. Cependant, avant de chercher des moyens d'appliquer ce concept à votre vie, je désire analyser ce qu'entend Lawrence quand il affirme que « les sans-amour ne trouvent jamais l'amour ». S'il y a trop peu d'amour, cela signifie-t-il, en tout cas dans l'interprétation de Lawrence, que nous sommes *sans amour* ? Examinons cette idée.

Le facteur pénurie d'amour dans ce déséquilibre

Si vous ne recevez pas l'amour que vous désirez, pourquoi ne pas commencer par analyser pour quelle raison vous en êtes arrivé là ? De toute évidence, nous sommes pour la plupart prêts, quand nous manquons d'amour, à en faire le reproche à quelque chose qui nous est extérieur. Nous gaspillons là notre temps et notre énergie, mais nous en éprouvons souvent un certain bien-être, car le reproche semble adoucir notre souffrance, ne serait-ce que brièvement. Cependant, l'énergie que vous consacrerez au reproche ne fera que vous maintenir en déséquilibre, que vous vous en vouliez ou que vous en vouliez à une personne extérieure. Être équilibré consiste à recevoir ce avec quoi vous êtes en accord. À ce stade, vous l'avez lu suffisamment de fois pour savoir ce que j'entends par là : *Vous obtenez ce que vous pensez !*

Vous pouvez très bien justifier votre pénurie d'amour par l'idée que vous n'êtes pas apprécié, ou choisir de voir le monde entier comme un lieu sans amour. N'en demeure pas moins une réalité : ne pas avoir assez d'amour dans votre vie provoque en vous un déséquilibre. Il sera vain d'attendre que les autres changent ou qu'une espèce de glissement s'opère dans le monde pour vous redonner l'équilibre, si vous ne vous engagez pas, en toute responsabilité, à modifier votre mode de pensée. Si vous laissez le soin à d'autres de le faire à votre place, vous remettez les commandes de votre vie à quelqu'un ou à quelque chose qui vous est extérieur. Vous vous contentez tout bonnement de signer une ordonnance de désastre.

Je souhaite souligner ici que si vous avez la sensation d'être floué en amour, c'est que vous avez placé vos pensées et vos comportements au même niveau que le manque d'amour. Comment en êtes-vous arrivé là ? En échouant à faire coïncider votre puissant désir d'amour avec des pensées qui lui sont assorties. Par exemple : *Je n'ai jamais été capable de vivre une relation amoureuse durable. Je ne suis pas assez séduisant(e) pour que quelqu'un puisse m'aimer comme je le souhaiterais. Je veux être aimé(e). Les gens sont cruels et profitent de moi. Je vois de l'hostilité et de la colère partout. Nous vivons dans un monde insensible, en déficit d'amour.*

Toutes ces pensées, et d'autres du même ordre, créent un point d'attraction qui est totalement en déséquilibre avec le désir de recevoir beaucoup d'amour. Vous attirez dans votre vie exactement ce que vous pensez, et vous vous êtes inscrit, à votre insu, au « Club des sans-amour », auquel appartient la majorité de la population – à savoir des personnes qui éprouvent la sensation frustrante de ne pas recevoir assez d'amour dans leur cœur. Vous pouvez renverser le cours des choses, en vous ajustant autrement et en supprimant la résistance que vous opposez à voir combler votre désir d'amour. Le premier pas consiste à mettre un terme à votre quête d'amour.

Cessez votre quête

Que veut donc dire D. H. Lawrence par « Ceux qui sont en quête d'amour ne font que manifester leur propre manque d'amour » ? Eh bien, quand vous cherchez quelque chose, c'est parce que vous avez le sentiment que cet élément manque dans votre vie. S'il s'agit de l'amour, vous dites en réalité :

Je vis le manque d'amour et j'espère que ma quête me permettra de remplir ce vide. Mais le problème de cette démarche, c'est qu'au lieu de remplir ce vide d'amour elle augmente votre déséquilibre et que vous continuez à vous sentir en manque d'amour. Pourquoi ? Parce que vous penchez davantage du côté du manque d'amour que du côté de l'amour. Vous focalisez vos pensées sur ce qui vous manque, alors que vous désirez que l'amour coule à flots dans votre vie.

Ce genre de mauvais alignement continue à attirer toujours plus de ce dont vous manquez. Vous pensez à l'amour qui est absent. L'univers coopère en vibrant exactement sur la même longueur d'onde que vos pensées. Comment s'y prend-il ? Il se contente en fait de faire concorder ses vibrations avec vos pensées, par le biais de la loi de l'attraction.

Vous avez besoin d'éteindre les phares pour les remplacer par une énergie véhiculée par des pensées aimantes et de renvoyer l'équipe de secours : une certitude intérieure de recevoir de l'amour. Vous êtes issu d'un lieu spirituel défini par l'amour. Quand vous commencerez à rééquilibrer votre vie, pour permettre à vos désirs de former une relation aimante avec vos pensées et vos comportements, vous vous apercevrez que vos désirs sont en fait la réalisation de Dieu.

Désirer l'amour c'est vouloir ressembler davantage à Dieu en pensées. Dès que vous en prenez conscience, vous vous rendez compte que chercher à l'extérieur ce que vous possédez déjà intérieurement est la plus grande des folies. Personne d'autre ne peut vous le donner – comme le dit D. H. Lawrence : « Les sans-amour ne trouvent jamais l'amour » – pour la bonne raison que les sans-amour se focalisent sur le fait de *ne pas avoir* ce qu'ils désirent, plutôt que sur ce qu'ils ont déjà.

De plus, les sans-amour ne croient pas mériter l'amour qu'ils désirent, et devinez pourquoi ? Parce qu'ils continuent à attirer des preuves supplémentaires de leur indignité. Quand les phares sont éteints et que la seule personne qui constitue l'équipe de secours est mise au repos en permanence, vous pouvez vous attacher à procéder au réajustement des moyens authentiques dont vous disposez pour recevoir l'amour en abondance. Là réside donc l'ironie suprême, parfaitement exprimée dans la conclusion du romancier : « Ne trouvent l'amour que ceux qui sont aimants, et n'ont jamais à le chercher. »

Devenez l'amour

Comme le suggère le titre de ce chapitre, ma définition de l'amour dépasse le désir et l'excitation, sans nul doute délicieux, que l'on éprouve au début des émois amoureux. Cette passion enflammée finit par se dissiper et ne demeure que l'amour authentique ou l'équilibre que vous recherchez. Quelle en est la meilleure illustration ? C'est d'aimer comme Dieu aime : étendre vers l'extérieur l'affection qui est l'essence même de votre création, en toutes circonstances et partout où cela est possible.

Un amour de cette nature vous amène à oublier votre propre ego, et à désirer encore plus pour les autres ce que vous désirez pour vous. C'est ainsi que semble fonctionner l'acte de création. Votre Créateur n'exige rien de votre part en échange de la vie qu'il vous a donnée – il s'agit d'un cadeau offert gratuitement et en abondance à tout le monde sans exception. Vous n'avez pas à rembourser Dieu de vous avoir donné cette vie, l'air dont vous avez besoin pour respirer, l'eau qui vous permet de ne pas mourir ou le soleil qui vous nourrit. Sans aucun de ces éléments donnés gratuitement, vous ne resteriez en vie. Tel est l'amour que Dieu vous offre.

Pour qu'une plus grande qualité d'affection vienne équilibrer votre vie, vous devez mettre vos pensées et vos comportements en harmonie avec ceux de votre source, être l'amour à l'image de Dieu. Cela implique que vous remarquiez les moments où vous avez tendance à estimer que vous, ou les autres, ne méritez pas d'être aimés. Cela implique que vous remplaciez votre besoin d'avoir raison par de la bonté envers vous-même et les autres, et par le fait d'étendre votre générosité à tout. Cela implique de donner de l'amour, à vous et aux autres, et non d'exiger d'en recevoir. Cela implique que vos gestes affectueux de bonté soient sincères, parce que vous sentez l'amour couler de l'intérieur, et non parce que vous cherchez quelque chose en retour. Vous trouvez que c'est beaucoup demander ? Pas vraiment, sauf si vous vous mettez en tête que cette tâche va se révéler difficile.

Le manque d'amour est une caractéristique de votre état naturel, alors que votre ego ne fait pas partie de cet état. L'ego prédomine parce que vous vous êtes coupé de votre moi divin, le moi aimant qui est arrivé ici d'un endroit où règne un parfait amour divin inconditionnel. Vous avez nourri l'idée de votre propre importance véhiculée par l'ego, votre besoin d'avoir raison, aussi longtemps que vous avez cru, à tort, que votre ego est celui que vous êtes. S'agissant de déséquilibre, vous avez choisi de croire en une pure illusion ! En accordant la place dominante à cette illusion, vous avez créé dans votre vie, par le biais de votre moi centré sur votre ego, un déséquilibre de taille.

Résultat : vous avez envie d'éprouver l'amour, le véritable amour qui est l'essence même de votre être, l'amour que vous êtes, mais vous ressentez un vide à la place de l'état d'amour. Pour quelle raison ? Parce que le vide ne peut être comblé par l'amour que si vous ouvrez la connexion entre votre cœur et l'esprit d'amour émanant d'un lieu que vous ne connaissez pas, mais que vous ressentez en vous. Il s'agit de *votre* espace vide ; et seulement du vôtre. En conséquence, *vous seul* êtes capable de le remplir. Votre but est de demander à l'amour présent en vous de se manifester, de prendre conscience d'être si plein d'amour qu'il s'agit de ce que vous devez distribuer. Vous n'avez rien d'autre à faire : juste donner et recevoir. Rien qu'en le faisant, vous attirerez de plus grandes quantités de ce que vous donnez.

Vous ne pouvez distribuer que ce que vous avez en vous

La correction de ce déséquilibre dépend de votre volonté de vous reconnecter à votre source d'être et de devenir un instrument d'amour. Vous devez formuler le vœu, dès à présent, de ne vous voir que sous un jour aimant, et d'inviter l'amour à vous accompagner vingt-quatre heures sur vingt-quatre et sept jours sur sept. Voici une affirmation qui vous aidera à ne pas quitter ce chemin : *Esprit saint, guide-moi désormais*. Cette déclaration, simple mais forte, vous place au niveau de l'amour. Le mépris de soi ou le rejet de soi ne peuvent ébranler votre équilibre : vous n'avez que de l'amour à distribuer. Lorsque vous manifestez mépris ou rejet envers vous-même ou envers les autres, vous êtes sur la même longueur d'onde que ces énergies et elles continueront à être présentes dans votre vie.

Beaucoup de personnes reprochent aux autres (ou à un monde sans amour et insensible) le déficit d'amour dont ils sont victimes, par rapport à la dose qu'ils souhaiteraient recevoir. Toute disparité entre l'amour que vous désirez et celui que vous recevez est en fait le reflet de ce que vous pensez. Distribuez de la haine et vous recevrez de la haine ; distribuez de l'amour, et ce dernier ne peut que se déverser à flots dans votre vie.

Imaginez un récipient de la taille de votre cœur. Ce récipient est l'unique source de toutes vos pensées. Vous ne pouvez en exprimer une sans ouvrir ce récipient. Le vrai problème ne consiste pas à choisir des pensées positives et aimantes pour que votre monde retrouve son équilibre. Le vrai problème, c'est le contenu du récipient, à savoir les réserves de cœur que vous possédez intérieurement à donner aux autres. Ce récipient intérieur est relié à une provision infinie d'amour ; il vous suffit de tourner vos pensées vers cette source pour être empli d'amour : amour de vous-même, amour du monde, amour de la vie, amour de votre prochain et, plus parlant encore, amour de votre source d'existence. Vous ne disposez alors de rien d'autre à distribuer et, par conséquent, c'est tout ce qu'il vous revient.

Il est admis que la différence entre nous tous qui vivons à des niveaux ordinaires de conscience humaine et ceux que l'on appelle saints réside dans le fait qu'eux n'oublient jamais Dieu. Ils se montrent gais quand la vie est difficile, patients quand les autres font preuve d'impatience, aimants quand les autres ont des réactions de haine. Pourquoi ? À cause de ce récipient. Les gens ordinaires possèdent un récipient dont ils extraient des pensées aimantes dans certaines circonstances. Le saint possède un vaisseau intérieur qui ne contient rien d'autre, duquel et dans lequel coulent librement des flots d'amour.

Par conséquent, au lieu de vous efforcer à modifier vos pensées pour devenir plus pacifique et aimant, pourquoi ne pas viser la lune et penser comme le saint que vous êtes ? Focalisez-vous sur ce récipient intérieur. Quand vous ne cesserez de répéter : *Esprit saint, guidez-moi maintenant*, vous vous apercevrez que votre récipient déborde tellement de pensées d'amour qu'il sera impossible à toute forme de négativité de modifier votre équilibre intérieur.

L'amour vu à travers les yeux d'un enfant

Voici quelques perles sorties de la bouche d'enfants de huit ans qui expriment leur vision de l'amour. Pendant que vous travaillerez à rétablir l'équilibre de l'amour, pensez à ces définitions rafraîchissantes :

Quand quelqu'un t'aime, il prononce ton nom d'une manière différente. Tu sais simplement que ton nom est en sécurité dans sa bouche.

L'amour, c'est quand mon papa fait le café pour ma maman et qu'il en avale une gorgée avant de lui donner, pour s'assurer qu'il est bon.

L'amour, c'est quand papa sert à maman le meilleur morceau du poulet.

Pendant mon récital de piano, j'étais sur la scène et j'avais peur. J'ai regardé tous les gens dans la salle et j'ai vu mon papa qui agitait le bras et qui me souriait. Il était le seul à faire ça. Ma peur s'est envolée.

Pour finir, ma préférée :

L'amour, c'est ce qui est avec vous dans la pièce à Noël, quand on arrête d'ouvrir ses cadeaux et qu'on écoute.

Nous y sommes. Regardez à l'intérieur et autour de vous. L'amour, c'est ce qui demeure quand on cesse peu à peu d'être amoureux, parce que l'amour est une source intarissable. Distribuez-le. Servez à quelqu'un le meilleur morceau de poulet. Agitez le bras et souriez à l'univers, et vous aurez vite fait de comprendre ce que voulait dire Victor Hugo quand il observait : « L'amour est la réduction de l'univers à un seul être. »

Non seulement l'amour est ce qui demeure quand on cesse d'être amoureux, mais l'amour définit la source dont nous émanons. Elizabeth Barrett Browning décrit poétiquement la fin de la vie comme un retour à l'amour pur :

> *Devine qui te tient à présent ?*
> *« La Mort », dis-je.*
> *Mais tinta alors la réponse argentée :*
> *« Pas la Mort, l'Amour. »*

Il semble donc que l'amour soit tout ce qu'il reste quand le corps se dissout aussi.

IX

La Terre est remplie de Ciel

Retrouver l'équilibre entre votre vie spirituelle
et votre vie matérielle

> *« La vie dans le monde et la vie de l'esprit*
> *ne sont pas incompatibles. »*

Upanishad

> *« La majorité des hommes vivent sans avoir*
> *pleinement conscience qu'ils sont des êtres spirituels... »*

Søren KIERKEGAARD

Il ne faudrait pas considérer le ciel comme un lieu que l'on finit par atteindre, le jour où l'on quitte cette existence terrestre. J'ai plutôt l'impression que l'on devrait éprouver l'envie de faire l'expérience du Ciel ici-bas. Comme le suggère le titre de ce chapitre (extrait d'un poème d'Elizabeth Barrett Browning), la Terre elle-même est remplie de Ciel. Mais voyez-vous le Ciel dans votre vie quotidienne ? Avez-vous l'impression de vivre dans un monde céleste ? Si votre réponse est négative, vous êtes en rupture d'équilibre. Vous avez probablement placé votre monde physique au centre de votre vie, sans prêter beaucoup d'attention à la partie céleste de votre existence terrestre.

À quoi ressemble ce déséquilibre ?

Lorsque vous consacrez la plus grande partie de votre énergie vitale au monde matériel, vous êtes en état de perpétuelle inquiétude à propos de vos biens, et vous avez l'impression de ne jamais ressortir gagnant du jeu qu'est la vie. Virtuellement parlant, toute votre énergie mentale se concentre sur ce que vous possédez ou sur ce que vous ne possédez pas. Vous affirmez votre valeur à l'aune d'éléments matériels, tels que la marque de la voiture que vous conduisez ou la mode que vous suivez en matière vestimentaire. Il vous arrive même d'éprouver un sentiment d'infériorité parce que les autres ont *plus* de biens que vous ! Ce déséquilibre entre le monde matériel et le monde spirituel se traduit en général par un endettement érigé en mode de vie. Votre désir de posséder des biens plus imposants, meilleurs et plus chers vous conduit à emprunter de l'argent et à vous soumettre à des contraintes financières draconiennes. En un rien de temps, vos dettes dépassent votre capacité à les rembourser.

Quand vous n'êtes tourné que vers le matériel, vous accordez une importance démesurée au fait de gagner, de devenir numéro un et de vous comparer aux autres. Ne se préoccuper que des aspects matériels de la vie aboutit à poser un regard superficiel sur elle, à accorder plus d'importance à l'apparence qu'à la substance, à l'image que l'on donne plutôt qu'à ses émotions. L'idée que se font les autres de vous devient l'instrument de mesure le plus important à vos yeux, et votre manière d'entasser, en fonction de normes imposées par l'extérieur, prend le dessus sur tout le reste.

Un aspect dévastateur du déséquilibre entre le spirituel et le matériel est la somme de temps et d'énergie mentale consacrée aux considérations pécuniaires. L'argent est l'étalon à partir duquel on mesure tout, y compris son bonheur, sa paix intérieure et la perception que l'on a de soi. Tout s'évalue à partir d'une grille de valeur marchande : *Combien ça vaut ? Combien ça coûte ? En ai-je les moyens ? Est-ce que ça gardera sa valeur ? Dois-je l'assurer ? Et si quelqu'un me le volait, aurais-je de quoi le remplacer ?*

Vous êtes tellement obsédé par le coût des choses, par leur prix, que votre monde intérieur déborde de ce genre de pensées. Sur votre balance imaginaire, le plateau le plus bas est lesté par des pensées émanant d'une conscience qui ne tient compte que de l'apparence, de la performance et des acquisitions. Cette conscience vous empêche de remarquer qu'ici même, à l'instant présent, l'endroit où vous résidez, quel qu'il soit, est rempli de Ciel. Plutôt que de chercher le Ciel sur Terre, vous êtes condamné, par votre processus de pensée, à subir les conséquences de cette vision bancale de la vie.

L'impact du déséquilibre

Quand vous êtes en déséquilibre – votre vie penche alors lourdement du côté matériel de la balance –, vous le payez au prix fort. Conséquence la plus grave, vous avez une vision erronée de vous-même. Votre véritable essence est d'ordre spirituel plutôt que physique, mais vous êtes incapable de le reconnaître.

Votre moi infini ne naît jamais et ne meurt jamais. Quand vous faites pencher la balance en faveur du monde matériel, vous vous identifiez à un allié instable, en perpétuel changement. Votre corps, vos possessions, vos réussites et vos finances sont tous éphémères. Ils vont et viennent comme le vent. Chaque fois que vous croyez avoir atteint votre objectif, que ce soit grâce à votre apparence physique ou à l'argent, intervient un changement. En ces domaines, l'effort, l'incertitude et l'angoisse prévalent.

La préoccupation suscitée par les fardeaux matériels qui vous lestent tellement sur le plateau de la balance est source de stress et d'inquiétude. L'obsession que vous portez à votre corps et à son aspect se transforme en amertume et en angoisse existentielle, au fur et à mesure que vous avancez dans le processus de vieillissement et que vous ne disposez plus que du souvenir de ce que vous considériez comme votre « vrai moi », une illusion que vous n'avez aucun moyen de ressaisir.

De la même manière, vos possessions s'amenuisent, deviennent obsolètes, perdent leur valeur ou se contentent de disparaître. À cause de votre déséquilibre dans ce domaine, vous vous retrouvez en proie à une sensation de vide, vous avez l'impression de ne pas avoir de but et d'avoir été trahi. Tout le travail ardu et le dévouement que vous avez consacrés à vos acquisitions, vos accomplissements et votre réputation perdent presque tout leur sens. Cette situation débouche sur la déception, les regrets, voire l'hostilité à l'égard du monde. Mais le monde n'y est pour rien : toute cette anxiété qui mène au stress peut être évitée si vous choisissez d'équilibrer la balance matériel/spirituel. Vous avez simplement besoin de séparer de manière équitable ces deux aspects de votre personnalité.

Le titre de ce chapitre – « La Terre est remplie de Ciel » – est censé rappeler que tout va bien ici, maintenant – non pas ailleurs, dans un avenir très lointain ou après la mort de votre moi physique. Le Ciel se trouve ici même, maintenant… à partir du moment où vous découvrez votre point d'équilibre.

Équilibrez les plateaux de la balance

Le Ciel est un état d'esprit et non un lieu, puisque l'Esprit est partout et en tout. Vous pouvez commencer à mettre votre vie matérielle et votre vie spirituelle au diapason, en recherchant comment se manifeste l'Esprit chez tous les êtres et dans toutes les choses que vous croisez sur votre chemin. Personnellement, je m'y prends de la façon suivante : je fais l'effort de considérer mon monde comme si je l'observais à travers des verres qui empêchent de distinguer la forme et tous les composants matériels de ce que je regarde, pour ne laisser apparaître que l'énergie spirituelle qui anime ce que j'ai sous les yeux. Essayez de chausser ces verres imaginaires magiques et vous verrez à quel point toutes les choses vous apparaîtront sous un jour nouveau. Vous pouvez entamer agréablement cette démarche en l'appliquant à la nature.

La nature. En observant un arbre sans ces verres imaginaires qui filtrent les formes, vous verrez peut-être des branches, des fleurs et des feuilles, et pourquoi pas des mangues ou des prunes. Avec vos nouveaux verres enchantés, les contours de l'arbre se dissolveront et une énergie vibrera à une telle rapidité qu'elle transformera complètement votre vision. Vous distinguerez les espaces entre les feuilles et vous remarquerez le silence du gland à présent défunt ou du noyau de mangue duquel a émergé le premier bourgeon de création, qui a enclenché le processus entier ayant abouti à l'arbre que vous regardez.

Vous apercevrez la poursuite de ce processus créateur de vie abrité tout au cœur de cet arbre, qui lui permet de dormir l'hiver et de fleurir au printemps – et ce toute sa vie. Vous vous rendrez compte que les nouvelles mangues ne se contentent pas de produire de nouveaux fruits, mais également une infinité de manguiers. Vous discernerez cette force vitale dans un arbre unique qui s'étend en arrière et en avant, en un flux de création qui ne connaît pas de fin.

Commencez par poser ce nouveau regard sur la nature dans son ensemble : les oiseaux, les fourmis, les lacs, les montagnes, les nuages et les étoiles – toute la nature. Approfondissez votre vision de manière à ne plus discerner uniquement que des formes et des contours. Appréciez le caractère miraculeux de votre environnement... et ce faisant, vous trouverez l'équilibre.

Les êtres humains. Ces nouveaux verres vous permettent de voir le monde sous un jour nouveau. Vous ne voyez plus des petits et des grands, des bruns et des blonds, des hommes et des femmes, des vieux et des jeunes, des personnes belles ou ordinaires. Vos verres rendent floues les lignes qui caractérisent les êtres en fonction de leurs différences religieuses ou culturelles, et vous ne réduisez pas les autres à leur accoutrement, à leur apparence physique ou à la langue qu'ils parlent. Toutes les apparences se dissolvent à travers des filtres dans vos verres et vos pensées, si bien que vous voyez à présent se manifester l'énergie spirituelle en chaque personne que vous rencontrez.

Ce que vous remarquez, c'est l'amour pur qui vibre sous vos yeux. Vous voyez la bonté personnifiée ; vous voyez et percevez une vulnérabilité identique à la vôtre chez tous les autres ; vous voyez d'énormes fibres d'énergie pacifique chatoyante nous relier les uns aux autres. Votre nouvelle vision vous invite à imaginer, sur le mode de la plaisanterie, que deux personnes vous ont créé et que quatre personnes ont créé les deux personnes qui vous ont créé et que huit personnes ont créé les quatre personnes qui ont créé les deux personnes qui vous ont créé.

Si vous remontez de quelques générations supplémentaires jusqu'à l'époque d'Abraham Lincoln, vous êtes relié à seize mille personnes qui ont dû se rassembler pour vous créer ! À imaginer que vous remontiez jusqu'à l'époque de Socrate, vous seriez abasourdi par les hypothèses arithmétiques. Des milliards de personnes ont été nécessaires pour créer l'un de nous, mais comme des milliards de personnes n'ont jamais existé, nous sommes tous en quelque sorte reliés les uns aux autres par le biais d'un calcul déroutant. Vos verres imaginaires qui transforment vos pensées vous permettent d'observer ce genre de relations fascinantes. Vous vous apercevez qu'il n'y a personne à juger, personne à haïr et personne à blesser, parce que vous distinguez clairement que nous sommes tous parents. En fait, nous ne faisons qu'un. À partir de là, vous pouvez élargir votre perspective sur la vie.

Les événements. Alors que vous considériez autrefois les allées et venues des gens comme de simples hasards circonstanciels, forgeant les événements de votre vie et de celles de tout un chacun, vos nouveaux verres filtrants vous permettent de voir comment une énergie relie toutes ces choses. Vous voyez à présent émaner des pensées de chacun un réseau infini d'énergies, comme émises par un laser, qui fusionnent en un grand tout pour former une énergie parfaite. Vous voyez certaines personnes émettre des vibrations d'énergie très rapides, en harmonie avec l'énergie de la source de création. Vous distinguez comment elles s'accordent avec la source de vie omnicréatrice et omnisciente, et comment un accord vibratoire attire parfaitement les événements les uns vers les autres.

Vous voyez aussi comment tous les événements considérés comme des accidents, des tragédies et des horreurs sont, eux aussi, des accords vibratoires qui entrent en collision, non « par erreur », comme vous le croyiez auparavant, mais du fait de la rencontre de deux énergies ou plus, à l'intérieur d'un cadre plus large, que vous étiez incapable de discerner. Vous êtes témoin de la relation entre les attentes des individus et ce qu'ils attirent dans leur vie. Avec ces verres stupéfiants, vous notez que tous les événements et toutes les rencontres « accidentels » sont en fait des accords vibratoires d'une compatibilité inouïe, plutôt que des situations dues au hasard. Cette prise de conscience vous permet d'atteindre un équilibre entre l'Esprit et la Forme.

Ce à quoi ressemble la vie quand vous établissez l'équilibre entre l'Esprit et la Forme

Je vais vous résumer ce que la faculté de conserver en équilibre ces aspects jumeaux de la vie m'a permis de découvrir. Je vois désormais l'énergie spirituelle en tout être que je rencontre. Quand je suis tenté de juger quelqu'un, je m'efforce de le regarder à travers mes verres spéciaux. La chose faite, tous mes jugements négatifs s'effacent. Sachant que je ne suis pas uniquement ce corps destiné à être abandonné, je me sens plus serein. Je discerne aussi au quotidien l'Esprit qui crée en moi la vie, et j'en éprouve une grande exaltation ! Je sais désormais que je suis un être spirituel infini, et que je partage cette énergie originelle avec tout le monde sur cette planète, ainsi qu'avec tous ceux qui ont vécu ici-bas ou qui vivront ici-bas à l'avenir.

Avoir trouvé un équilibre spirituel et physique me permet d'être dans un état perpétuel de gratitude et d'émerveillement. Je vois des miracles partout. Je me prends moins au sérieux. Je me sens intimement relié aux autres. Je subis moins de stress. Je me sens moins obligé de m'insérer dans un cadre ou d'accomplir davantage. Ironiquement, je suis aussi plus performant, parce que l'Esprit coule à travers moi sans obstacle.

Un changement significatif se produit lorsque vous corrigez le déséquilibre entre votre vie spirituelle et votre vie matérielle. Le titre de ce chapitre est emprunté à un célèbre poème d'Elizabeth Barrett Browning dont voici un extrait :

La Terre est remplie de Ciel,
et chaque buisson ordinaire est enflammé par Dieu ;
Mais seul celui qui voit se déchausse,
les autres s'assoient autour et cueillent des mûres...

Lorsque Moïse s'approcha du buisson ardent, il se déchaussa pour communier avec Dieu. Vous pouvez changer de mise au point et voir avec de nouveaux yeux, soutenu par vos pensées. Vous vous rendrez alors compte que cette poétesse dit vrai : *La Terre est remplie de Ciel.* Si vous ne le croyez pas et que vous vous y essayez, vous aurez peut-être le plaisir de cueillir des mûres.

Sogyal Rinpoche a observé que « deux personnes ont vécu en vous toute votre vie. L'une est l'ego, loquace, exigeant, hystérique, calculateur ; l'autre est l'être spirituel caché, dont vous n'avez que rarement entendu ou cultivé la voix de sagesse silencieuse. » Je vous invite à restaurer une forme d'équilibre, en cherchant le Ciel partout et en écoutant et cultivant l'être spirituel qui reste à tout instant caché en vous, et qui vous supplie de prêter davantage attention à lui.

Table

ÉNIGMES

Michael Baigent, Richard Leigh, Henry Lincoln • *L'énigme sacrée*
Michael Baigent, Richard Leigh, Henry Lincoln • *Le message*
Michael Baigent • *L'énigme Jésus*
Edouard Brasey • *L'énigme de l'Atlantide*
Graham Hancock • *Le mystère de l'arche perdue*
Christopher Knight & Robert Lomas • *La clé d'Hiram*
Christopher Knight & Robert Lomas • *Le livre d'Hiram*
Pierre Jovanovic • *Enquête sur l'existence des anges gardiens*
Chris Morton • *Le mystère des crânes de cristal*
Joseph Chilton Pearce • *Le futur commence aujourd'hui*
Lynn Picknett & Clive Prince • *La porte des étoiles*
Lynn Picknett & Clive Prince • *La révélation des templiers*
Rapport Cometa • *Les ovni et la défense*

ÉPANOUISSEMENT PERSONNEL

Melody Beattie • *Les leçons de l'amour*
Julia Cameron • *Libérez votre créativité*
Deepak Chopra • *Les sept lois spirituelles du succès*
Deepak Chopra • *Les clés spirituelles de la richesse*
Deepak Chopra • *Les sept lois spirituelles du yoga*
Deepak Chopra • *Les sept lois pour guider vos enfants sur la voie du succès*
Deepak Chopra • *Le chemin vers l'amour*
Marie Coupal • *Le guide du rêve et de ses symboles*
Wayne W. Dyer • *Les dix secrets du succès et de la paix intérieure*
Wayne W. Dyer • *Les neuf lois de l'harmonie*

Mark V. Hansen, Robert Allen • *Réveillez le millionnaire qui est en vous*
Arouna Lipschitz • *Dis-moi si je m'approche*
Arouna Lipschitz • *L'un n'empêche pas l'autre*
Dr Richard Moss • *Le papillon noir*
Joseph Murphy • *Comment utiliser les pouvoirs du subconscient*
Joseph Murphy • *Comment réussir votre vie*
Anthony Robbins • *Pouvoir illimité*
Mona Lisa Schulz • *Le réveil de l'intuition*
James Van Praagh • *Guérir d'un chagrin*

PARANORMAL/DIVINATION/PROPHÉTIES

Édouard Brasey • *Enquête sur l'existence des fées et des esprits de la nature*
Sonia Choquette • *A l'écoute de votre sixième sens*
Marie Delclos • *Le guide de la voyance*
Jocelyne Fangain • *Le guide du pendule*
Jean-Daniel Fermier • *Le guide de la numérologie*
Jean-Charles de Fontbrune • *Nostradamus, biographie et prophéties jusqu'en 2025*
Allan Kardec • *Le livre des médiums*
Dorothée Koechlin de Bizemont • *Les prophéties d'Edgar Cayce*
Maud Kristen • *Fille des étoiles*
Maud Kristen • *Ma vie et l'invisible*
Dean Radin • *La conscience invisible*
Régine Saint-Arnauld • *Le guide de l'astrologie amoureuse*
Rupert Sheldrake • *Les pouvoirs inexpliqués des animaux*
Sylvie Simon • *Le guide des tarots*

POUVOIRS DE L'ESPRIT/VISUALISATION

Carlos Castaneda • *Passes magiques*
Dr. Wayne W. Dyer • *Le pouvoir de l'intention*
Marilyn Ferguson • *La révolution du cerveau*
Shakti Gawain • *Techniques de visualisation créatrice*
Shakti Gawain • *Vivez dans la lumière*
Paul-Clément Jagot • *Le pouvoir de la volonté*
Jon Kabat-Zinn • *Où tu vas, tu es*
Bernard Martino • *Les chants de l'invisible*
Éric Pier Sperandio • *Le guide de la magie blanche*
Marianne Williamson • *Un retour à la prière*

LOBSANG T. RAMPA

Le troisième œil
Les secrets de l'aura

La caverne des Anciens
L'ermite

JAMES REDFIELD

La prophétie des Andes
Les leçons de vie de la prophétie des Andes
La dixième prophétie
L'expérience de la dixième prophétie
La vision des Andes
Le secret de Shambhala
Et les hommes deviendront des dieux

ROMANS ET RÉCITS INITIATIQUES

Deepak Chopra • *Dieux de lumière*
Elisabeth Haich • *Initiation*
Immaculée Ilibagiza • *Miraculée*
Laurence Ink • *Il suffit d'y croire…*
Gopi Krishna • *Kundalinî – autobiographie d'un éveil*
Shirley MacLaine • *Danser dans la lumière*
Shirley MacLaine • *Le voyage intérieur*
Shirley MacLaine • *Mon chemin de Compostelle*
Dan Millman • *Le guerrier pacifique*
Marlo Morgan • *Message des hommes vrais*
Marlo Morgan • *Message en provenance de l'éternité*
Michael Murphy • *Golf dans le royaume*
Scott Peck • *Les gens du mensonge*
Scott Peck • *Au ciel comme sur terre*
Robin S. Sharma • *Le moine qui vendit sa Ferrari*
Baird T. Spalding • *La vie des Maîtres*
Paramahansa Yogananda • *Autobiographie d'un yogi*

SANTÉ/ÉNERGIES/MÉDECINES PARALLÈLES

Deepak Chopra • *Santé parfaite*
Janine Fontaine • *Médecin des trois corps*
Janine Fontaine • *Médecin des trois corps. Vingt ans après*
Janine Fontaine • *La médecine du corps énergétique*
Caryle Hishberg & Marc Ian Barasch • *Guérisons remarquables*
Dolores Krieger • *Le guide du magnétisme*
Jacques La Maya • *La médecine de l'habitat*
Pierre Lunel • *Les guérisons miraculeuses*
Caroline Myss • *Anatomie de l'esprit*
Dr Bernie S. Siegel • *L'amour, la médecine et les miracles*

SPIRITUALITÉS

Bernard Baudouin • *Le guide des voyages spirituels*
Jacques Brosse • *Le Bouddha*
Deepak Chopra • *Comment connaître Dieu*
Deepak Chopra • *La voie du magicien*
Sa Sainteté le Dalaï-Lama • *L'harmonie intérieure*
Sa Sainteté le Dalaï-Lama • *La voie de la lumière*
Sa Sainteté le Dalaï-Lama • *Sagesse du bouddhisme tibétain*
Sa Sainteté le Dalaï-Lama • *Le sens de la vie*
Sa Sainteté le Dalaï-Lama • *Vaincre la mort et vivre une vie meilleure*
Sam Keen • *Retrouvez le sens du sacré*
Krishnamurti • *Commentaires sur la vie - 1*
Thomas Moore • *Le soin de l'âme*
Nhat Hanh Thich • *Le miracle de la pleine conscience*
Scott Peck • *Le chemin le moins fréquenté*
Scott Peck • *La quête des pierres*
Scott Peck • *Au-delà du chemin le moins fréquenté*
Ringou Tulkou Rimpotché • *Et si vous m'expliquiez le bouddhisme ?*
Baird T. Spalding • *Treize leçons sur la vie des Maîtres*
Marianne Williamson • *Un retour à l'Amour*
Neale D. Walsch • *Conversations avec Dieu - 1 et 2*
Neale D. Walsch • *Présence de Dieu*

VIE APRÈS LA MORT/RÉINCARNATION/INVISIBLE

Rosemary Altea • *Une longue échelle vers le ciel*
Rosemary Altea • *Libre comme l'esprit*
Michèle Decker • *La vie de l'autre côté*
Allan Kardec • *Le livre des esprits*
Vicki Mackenzie • *Enfants de la réincarnation*
Daniel Meurois & Anne Givaudan • *Les neuf marches*
Daniel Meurois & Anne Givaudan • *Récits d'un voyageur de l'astral*
Daniel Meurois & Anne Givaudan • *Terre d'émeraude*
Raymond Moody • *La vie après la vie*
Raymond Moody • *Lumières nouvelles sur la vie après la vie*
Jean Prieur • *Le mystère des retours éternels*
James Van Praagh • *Dialogues avec l'au-delà*
Ian Stevenson • *20 cas suggérant le phénomène de réincarnation*
Brian L. Weiss • *Nos vies antérieures, une thérapie pour demain*
Brian L. Weiss • *Il n'y a que l'amour*

8748

Composition Nord Compo
Achevé d'imprimer en France (Malesherbes)
par Maury-Imprimeur
le 25 août 2008.
Dépôt légal août 2008. EAN 9782290011300

Editions J'ai lu
87, quai Panhard-et-Levassor, 75013 Paris
Diffusion France et étranger : Flammarion